Sebastian Petrich

Die schönsten Berliner Kieze

20 Streifzüge durch die Stadt

mit Fotografien von Jürgen Henkelmann

ELSENGOLD

4

Vorwort

„Das Wort Kiez ist nicht gut", zitierte die Berliner Tageszeitung „taz" im Februar 2014 einen Anwohner der Reichenberger Straße in Kreuzberg, dem der Mietvertrag nach einer Reihe von Streitigkeiten mit dem Vermieter gekündigt worden war. Das Wort mache alles kaputt, indem es „die Alternativcafés und die Reichen" in die Gegend locke. Der Ärger dieses Mannes, der für sich und seine Familie in seiner bisherigen Umgebung keine neue Bleibe fand, ist überaus verständlich. Aber besteht wirklich ein Zusammenhang zwischen dem berlinweit angespannten Wohnungsmarkt und diesem überaus harmlosen Wort? Abgesehen von der Frage, ob den „Reichen" danach ist, den lieben langen Tag in „alternativen" Gaststätten herumzusitzen, wird die Macht des Wortes hier wohl ein wenig überschätzt.

Eines lässt sich jedoch nicht bestreiten: Der Begriff „Kiez" – ursprünglich „Kietz", vermutlich abgeleitet vom slawischen Wort „chyža" (Haus, Hütte) und im Mittelalter in der Gegend östlich der Elbe die Bezeichnung für eine ärmliche Fischersiedlung – hat in den vergangenen Jahren Karriere gemacht. Aus Kneipe wurde Kiezkneipe, aus Wohnviertel Wohnkiez, aus Frisör Kiezfrisör; die Liste ließe sich beliebig fortsetzen. Wer Immobilieninserate studiert oder die Berichte der Lokalpresse verfolgt, stellt fest, dass nahezu jede auch nur etwas bekanntere Straße den Zusatz „Kiez" erhält: Man liest vom Fasanenkiez ebenso wie vom Sonnenalleekiez oder Wichertkiez. Diese vier Buchstaben zu platzieren, ist eine zuverlässige Methode, irgendeinem Ort Flair zu geben und ihm Tradition und lokale Verwurzelung einzuhauchen. Probieren Sie es doch einmal aus – machen Sie die Adresse Ihres Wohn- oder Arbeitsorts mit dieser einfachen Endung zum Zentrum und Namensgeber der Umgebung!

Der Begriff „Kiez" ist nicht rechtlich geschützt, und es existiert auch keine Behörde, die Namen und Grenzen eines jeden Kiezes verbindlich festlegt.

Ein Kiez ist keine strenge geografische Einheit, Kiez ist ein Gefühl. Es vermittelt Gemütlichkeit und Heimatgefühl, für manche wirkt es aber auch bedrohlich durch die zunehmende Verdrängung alteingesessener Bewohner. Kiez ist das, worüber die Menschen sprechen.

Für die Identifikation mit dem Kiez ist es durchaus hilfreich, wenn das jeweilige Gebiet räumlich eindeutig einzugrenzen ist, wie etwa die Lichtenberger Victoriastadt (auch Kaskelkiez genannt) oder die Rote Insel, beides Viertel, die ringsum von Eisenbahnlinien umgeben sind. Auch dem Kiez rund um den Kollwitzplatz in Prenzlauer Berg liegen geografische Gegebenheiten zugrunde, denn durch die angrenzenden Hauptverkehrsstraßen weist er die Form eines Rechtecks auf. Oft unterstützt der zentral gelegene Platz eines Gebiets die Bildung einer kollektiven Identität, wie beispielsweise die Kieze zeigen, die sich um den Schöneberger Winterfeldtplatz oder den Wilmersdorfer Ludwigkirchplatz herum gebildet haben.

Neben einem einheitlichen äußeren Erscheinungsbild, etwa einer fast durchgängig erhaltenen Altbaustruktur, trägt natürlich auch zur Kiezbildung bei, wenn ein Viertel von einer bestimmten Bevölkerungsgruppe geprägt ist, deren Mitglieder sich in einer ähnlichen Lebenssituationen befinden und gemeinsame Werte oder Erfahrungen teilen. Beispiele hierfür sind die von jungen Familien bevölkerte Gegend rund um den Helmholtzplatz in Prenzlauer Berg oder der Kreuzberger Kiez SO 36 mit seiner bewegten politischen Vergangenheit.

Berlin ist nicht die einzige Großstadt, in der es unterhalb der Bezirksebene weitere Gebietseinheiten gibt, die nicht einer amtlichen Einteilung, sondern den lokalen Besonderheiten und Traditionen entspringen. So hat Köln seine *Veedel*, Wien seine *Grätzl*, Paris und Brüssel ihre *Quartiers*. Doch in Sachen Dezentralität, sogar Polyzentralität, kann es

keine dieser Städte, die alle mehr oder
weniger auf ihren historischen Kern
ausgerichtet sind, mit Berlin aufnehmen. Für viele Berliner gibt es über
Tage, Wochen und Monate keinen
Grund, ihren Kiez zu verlassen, außer
vielleicht, um zur Arbeit zu fahren. Das
soziale Leben spielt sich im Wesentlichen im eigenen Viertel ab – jeder Kiez
hat seine Einkaufsstraße, seine Märkte,
seine Cafés, seine Parkanlage.

Bei der Auswahl der in diesem Buch
beschriebenen Kieze, die eine subjektive
ist, spielt das Kriterium des lebendigen
Viertels eine große Rolle. Es geht um
das Leben auf der Straße – oder genauer gesagt auf dem Bürgersteig, denn die
ausgewogene Mischung von Wohnen,
Arbeiten und Freizeit findet sich besonders in den Altbauquartieren, in denen
es sich bequem zu Fuß flanieren lässt.

Gemessen an der mehr als 775-
jährigen Geschichte Berlins entstanden
die Kieze in einer recht kurzen Zeit-
spanne, die meisten von ihnen zwischen
1870 und 1914. Doch sowohl im Osten
als auch im Westen ging man in der
Nachkriegszeit nicht gerade pfleglich
mit dem architektonischen Erbe der
Kaiserzeit um, denn viele Altbauten
wurden vernachlässigt, ihres Fassaden-
schmucks beraubt oder abgerissen, um
verbreiterten Straßen oder Neubauten
zu weichen, die schon ein oder zwei
Jahrzehnte später als städtebaulicher Sündenfall
galten. Glücklicherweise kam das Umdenken rechtzeitig, sodass deutlich mehr Kieze intakt geblieben
und heute voller Leben sind als zwischen zwei
Buchdeckel passen. Aber Fassaden hin und histo-

rische Straßenzüge her: Das Lebendigste in den
Kiezen sind noch immer die Bewohner, die daher
auf den folgenden Seiten einen besonderen Raum
einnehmen werden. Aus Platzgründen kann leider
nur ein „Kiezzeuge" pro Kapitel porträtiert werden –
es hätten eigentlich Dutzende sein können.

Graffiti an einem
Rollladen im Neuköllner
Schillerkiez

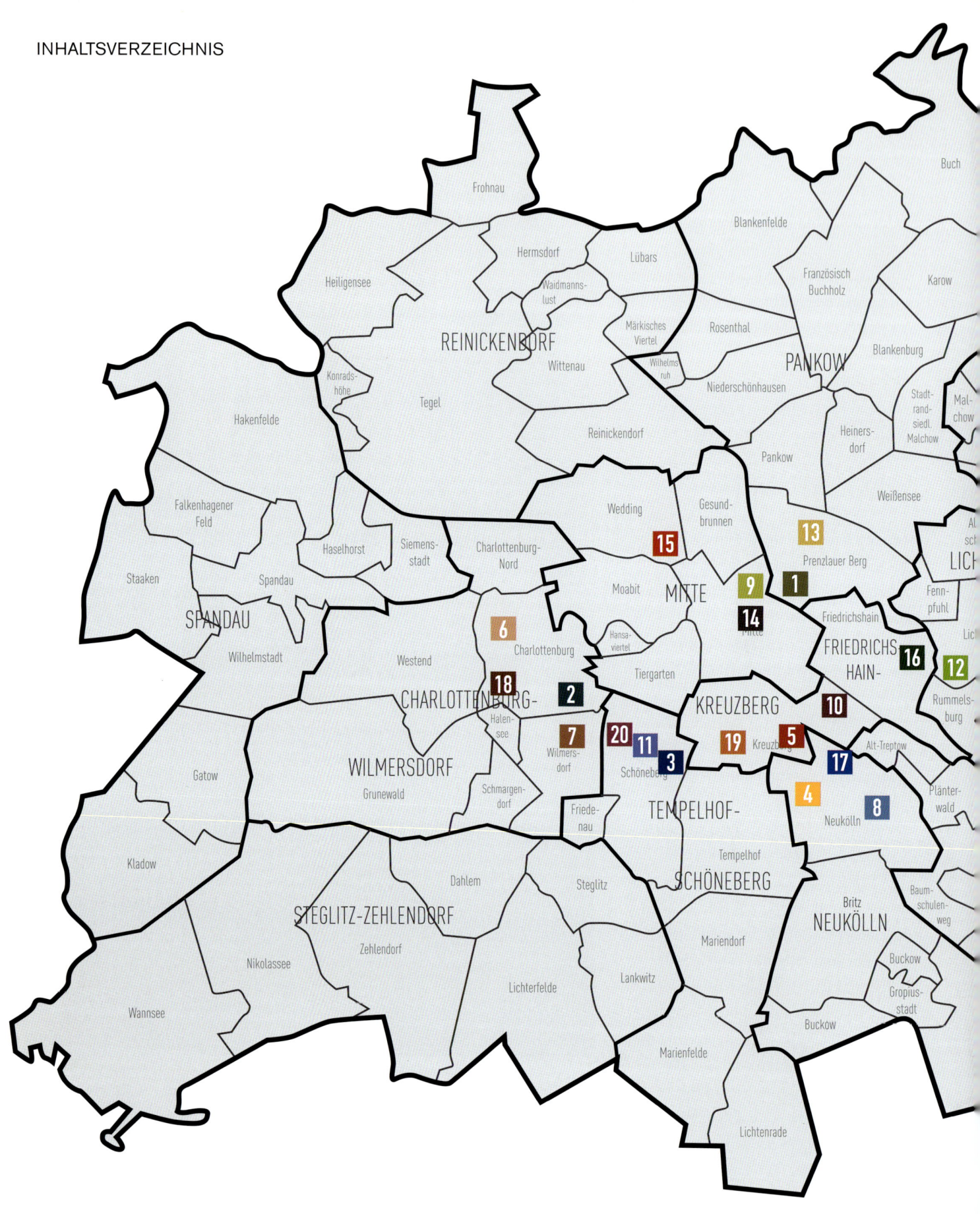

Kollwitzkiez

Der denkmalgeschützte Wasserturm ist das Wahrzeichen des Kiezes rund um den Kollwitzplatz.

Provozierende Schönheit

Der Homo Prenzlauerbergus wird vielfach ange-feindet. Dabei tut er eigentlich nichts anderes, als sich seinen Lebensraum schön einzurichten.

Der Kiez macht seinem alten Namen „Französisches Viertel" alle Ehre. Ein nicht unbeträchtlicher Teil der gut 15 000 in Berlin lebenden Franzosen hat in dem Gebiet zwischen Schönhauser Allee, Danziger Straße, Prenzlauer Allee und Metzer Straße eine Bleibe gefunden. Dazu kommen ein gutes Dutzend franko-philer Unternehmer deutscher Herkunft, die mit Restaurants, Weinhandlungen und Patisserien einen Hauch von Savoir-vivre in das Herz von Prenzlauer Berg bringen. Eine schöne Wendung der Geschichte, schließlich hatte man zur Zeit der Reichsgründung, als viele Straßen des Viertels französische Namen erhielten, nicht im Geringsten daran gedacht, dem „Erbfeind" zu huldigen. Im Gegenteil, mit der Benennung nach Schauplätzen des Deutsch-Französischen Kriegs von 1870/71 wie Metz oder Belfort brach sich ein nationalistisches Triumphgeheul Bahn. Mit der Straßenbenennung nach den preußischen Generälen Eduard Friedrich von Fransecky und Hermann von Tresckow wurde zwei Helden des Kriegs noch zu Lebzeiten ein Denkmal gesetzt – allerdings nur bis 1952, als der Ost-Berliner Magistrat sie in Sredzki- und Knaackstraße umbenannte und damit Siegmund Sredzki und Ernst Knaack ehrte, zwei von den Nationalsozialisten hingerichtete kommunistische Widerstandskämpfer. Nicht nur verletzte die damalige Benennung der Straßenzüge den Stolz der Franzosen, auch die Finanzierung ihrer Bebauung ging zu Lasten des Kriegsverlierers. Die französischen Reparationszahlungen heizten einen Immobilienboom an, durch den der im Zweiten Weltkrieg weitgehend unversehrt gebliebene Kiez in seiner heutigen Gestalt entstand.

Wie sich das Viertel in seinen 140 Jahren entwickelte, spiegelt die Geschichte des Hauses in der Weißenburger Straße 22 (heute Kollwitzstraße 52) im Kleinen wider. 1875 errichtet, hatte das Vorderhaus mit zwei angeschlossenen Seitenflügeln weder Toiletten noch Bäder, dafür aber, ebenso wie andere Häuser der Straße, einen vier Meter breiten Vorgarten. Auf dem Hof stand ein Aborthäuschen mit Sickergrube, 1883 kamen ein Stall- und ein Remisengebäude hinzu. Zehn Jahre später erfolgte der Anschluss an die Kanalisation. 1900 wurde erstmals eine Badestube, die sich im Seitenflügel befand, amtlich registriert. Mehrere Wohnungen des Hauses wurden an kleine Textilbetriebe vermietet, in denen während des Zweiten Weltkriegs zahlreiche Zwangsarbeiter tätig waren. Auch in einem der Kellerräume wohnte und arbeitete ein Schneider. Bereits unmittelbar nach seiner Fertigstellung wechselte das Haus mehrmals den Eigentümer. 1925 erwarb schließlich der Glasermeister Salomon Rot-

holz das Gebäude. Als dieser 1935 jedoch pleiteging, bekam seine Hauptgläubigerin, die jüdische Peruanerin Margarita Reichardt, die Liegenschaft, die sie 1937 wiederum an die Kommerzienrätin Mathilde Frickert verkaufte. Tat sie das freiwillig und zu einem angemessenen Preis, oder handelte es sich um eine Zwangsenteignung im Zuge der „Arisierung"? Diese Frage wird später noch eine Rolle spielen.

Obwohl die Umgebung zu den letzten Kriegsschauplätzen Berlins gehörte, hielten sich die Schäden in der Weißenburger Straße 22 in Grenzen. In der Nachkriegszeit änderte sich so manches, zunächst einmal der Name der Straße und des angrenzenden Platzes, der vorher Wörther Platz hieß. Statt der beiden Kleinstädte im Elsass und in der Pfalz ist seit 1947 die zwei Jahre zuvor verstorbene Bildhauerin Käthe Kollwitz für beides Namenspatin. Sie hatte jahrelang in der Weißenburger Straße 25 an der Ecke zur heutigen Knaackstraße gewohnt

Blick auf die Kulturbrauerei, die auch den „Frannz Club" beherbergt, eine Mischung aus Diskothek und Restaurant.

und gearbeitet. Ihr Mann, Karl Kollwitz, betrieb hier seine Praxis als Armenarzt. Ihr Haus war eines der wenigen im Krieg komplett zerstörten, der Neubau an dieser Stelle trägt heute die Nummer 58, das Haus mit der 22 erhielt die Nummer 52.

Neben dem Straßennamen und der Hausnummer wechselte auch die Verwaltung dieses Gebäudes: Da Frickerts 1952 nach West-Berlin gingen, kassierte nun bis 1990 die kommunale Wohnungsverwaltung die im Vergleich zu heute bloß symbolische Miete.

Von Gemüse über Kosmetik bis hin zu Filzschuhen: Auf dem wöchentlichen Ökomarkt am Kollwitzplatz sind alle Waren „bio". Auch Promis wie Renate Künast kommen regelmäßig her.

Sie ließ 1972 den Stuck an der Fassade abschlagen und durch Kratzputz ersetzen, in erster Linie nicht um sich von dem bourgeoisen Erscheinungsbild abzusetzen, sondern weil sich die Fassade so einfacher und billiger streichen ließ. In den Siebzigerjahren war die Remise noch bewohnt. 1988 bauten die Hausbewohner in Eigeninitiative den derzeit leer stehenden, einsturzgefährdeten Verschlag zu zwei Garagen um. Die Wohnungsverwaltung, der es selbst an finanziellen Mitteln fehlte, begrüßte ein derartiges Engagement – im Fall der Kollwitzstraße 52 spendierte sie den Bewohnern zum Dank eine elektrische Mangelmaschine.

Nach der Wiedervereinigung ging alles plötzlich sehr schnell: Schon im November 1990 kündigte ein Makler die Versteigerung des Hauses Kollwitzstraße 52 zusammen mit 13 anderen Objekten an. Als die Bewohner davon Wind bekamen, gingen sie an die Öffentlichkeit und hängten Transparente an die Fassade mit Beschriftungen wie „Senat, kauf du", „Wir sind nicht zu verkaufen" oder „Heute Kollwitz 52, morgen ihr". Auf der Versteigerung, die im Dezember 1990 unter Polizeischutz stattfand, gab ein Hamburger Künstlerpaar das höchste Gebot ab. Bis die beiden Männer als Eigentümer im Grundbuch standen, sollten aber noch achteinhalb Jahre vergehen. Nach der überhasteten Auktion prüfte das Amt zur Regelung offener Vermögensfragen auf Antrag der Jewish Claims Conference, wer bis Ende 1990 der rechtmäßige Besitzer war und den Verkaufserlös erhalten sollte. Frickerts Erben, so das Ergebnis, waren es nicht, da Margarita Reichardt 1937 ihr Eigentum unter Zwang hatte verkaufen müssen.

Von den zehn Mietparteien, die vor der Auktion 1990 in der Kollwitzstraße 52 gelebt hatten, wohnten Ende 2008 noch drei im Haus. In den Gewerberäumen haben sich inzwischen eine Arztpraxis für Privatpatienten, eine Boutique und ein Geschäft für Wohnaccessoires niedergelassen. Diese Mischung ist nicht untypisch für den Kiez. Rund um den Kollwitzplatz finden sich unzählige kleine Läden für schöne Dinge, gefühlte 90 Prozent von ihnen verstehen sich als Manufaktur. Von der Pasta bis zum Pullover: Die Waren sind meist handgemacht. Und der einzige richtige Supermarkt im Kiez ist ein Biosupermarkt, und zwar der größte Europas. Der mehrheitliche Wechsel der Bewohnerschaft aufgrund der flächendeckenden Sanierung im Prenzlauer Berg, die in den frühen Neunzigerjahren begonnen hat und noch immer nicht abgeschlossen ist, macht sich also bemerkbar.

Zahlte man bis 1990 etwa 50 Ostpfennig pro Quadratmeter, so liegt heute die Kaltmiete von Objekten im oberen Preissegment bei bis zu 18 Euro. Bei Neuvermietungen belegt der Post-

Dieser Souterrain-Laden in der Knaackstraße hat sich durch ein Schild mit Kinderwagenemblem und der Aufschrift „Wir helfen gern" perfekt auf die Kundschaft eingestellt.

leitzahlbereich 10435 den vierten Platz, nur am Brandenburger Tor, um den Alexanderplatz und die Hackeschen Höfe sowie in der Rosenthaler Vorstadt müssen neue Mieter mehr für den Quadratmeter zahlen. Dass sich hier dennoch kein „Reichen-Ghetto" entwickelt, zeigt ein Blick auf das verfügbare monatliche Einkommen, das mit 3045 Euro pro Haushalt nur wenig über dem Berliner Durchschnitt von 2851 Euro liegt. Mit anderen Worten heißt das: Wer hier wohnt, ist nicht außergewöhnlich wohlhabend, sondern legt außergewöhnlich hohen Wert auf eine schöne Wohnlage und die dadurch gewonnene Lebensqualität.

Nicht in allen Punkten ist die Geschichte der Kollwitzstraße 52 für den Kiez repräsentativ. Während Margarita Reichardt die Flucht nach Peru gelang, kamen die meisten jüdischen Kiezbewohner in den Konzentrationslagern ums Leben. So wurden im Oktober 1942 die Kinder des jüdischen Baruch Auerbachschen Waisenhauses in der Schönhauser Allee 162 nach Riga deportiert und dort ermordet. Als einer der wenigen Zöglinge des Heims überlebte der spätere Quizmaster Hans Rosenthal den Holocaust, weil er wenige Wochen vor der Deportation wegen Disziplinverstößen das Waisenhaus hatte verlassen und in ein Jugendheim umziehen müssen.

Auch ein Großteil der Bewohner des gegenüberliegenden Hauses Schönhauser Allee 22 wurde deportiert. Es handelte sich um ein jüdisches Altersheim, das nach 1933 immer mehr alte Menschen

1 Von der erhöht liegenden Grünanlage des Wasserturms hat man einen malerischen Blick auf den Fernsehturm am Alexanderplatz.

2 Der skandinavisch angehauchte Lucia Weihnachtsmarkt in der Kulturbrauerei zählt zu den beliebtesten ganz Berlins.

3 Das letzte Bier verließ 1967 die ehemalige Schultheiss-Brauerei. Seit 1991 wird hier Kultur produziert.

4 Abends am Kollwitzplatz

1

2

3

4

aufnehmen musste, weil Juden von staatlichen Sozialleistungen ausgeschlossen wurden. Ab 1946 diente das Gebäude als Polizeiwache und Gefängnis für DDR-Regimegegner und stand nach der Wende zehn Jahre lang leer, bis ein Investor damit begann, es bis auf die historischen Säulen und das Treppengeländer zu entkernen und Luxuswohnungen zum Kauf anzubieten. Die neuen Bewohner des „Hauses Manheimer", das nach dem Stifter des Altenheims, dem Textilfabrikanten und Philan-

Der Jüdische Friedhof Schönhauser Allee in der Nähe des Senefelderplatzes ist die letzte Ruhestätte vieler bedeutender Persönlichkeiten.

thropen Moritz Manheimer, benannt ist, lockte ein unverbaubarer Grünblick: die Sicht auf den alten Jüdischen Friedhof Schönhauser Allee. Hier befinden sich die Grabstätten des Verlegers Leopold Ullstein (1829–1899), des Opernkomponisten Giacomo Meyerbeer (1791–1864) und des Malers Max Liebermann (1847–1935). Auf der östlichen Seite verläuft entlang der Friedhofsmauer der letzte Feldweg in Prenzlauer Berg, der sogenannte Judengang. Um die Entstehung dieser 400 Meter langen restaurierten Verbindung zwischen Senefelderplatz und Kollwitzplatz ranken sich zahlreiche Mythen. Man habe ihn als Hintereingang für die Trauernden

angelegt, weil König Friedrich Wilhelm III. auf der Fahrt von Berlin zu seiner Sommerresidenz Niederschönhausen keinem Leichenzug begegnen wollte, ist eine mögliche Erklärung. Vielleicht diente der Weg aber auch nur ganz banal als Wirtschaftsweg für den Friedhofsbetrieb.

In der Mitte des Kiezes befindet sich sein Wahrzeichen: der Wasserturm. Nicht nur der eigentliche Wasserturm, der 1877 fertiggestellt wurde und bis 1952 in Betrieb war und auch früher schon bewohnt war – damals noch von den Maschinenarbeitern des Turms –, sondern das ganze Ensemble mit kleinem und großem Tiefbehälter und Schwimmerhäuschen steht unter Denkmalschutz. Die Rasenfläche auf dem Hügel mit dem fantastischen Blick auf die umliegenden Straßen ziehen Kiezbewohner und Touristen gleichermaßen an. Kaum zu glauben, dass auch dieser friedliche Ort eine furchterregende Geschichte hat.

1933 betrieb die SA hier für ein paar Monate ein sogenanntes wildes Konzentrationslager, das durch seine prominente Lage Macht demonstrieren und im als besonders rot geltenden Prenzlauer Berg Angst verbreiten und die Bewohner einschüchtern sollte. Das Folterzentrum befand sich im alten Maschinenhaus an der Ecke Kolmarer Straße/Knaackstraße. Dort ist heute ein Spielplatz. Der Unterschied könnte demnach nicht größer sein, gilt der Kollwitzkiez heute doch als Heile-Welt-Insel, als Biotop einer um sich selbst und die eigenen Kinder kreisenden Akademikermittelschicht mit Ökoanspruch.

Als „Bionade-Biedermeier" wurde in einem Artikel in der „Zeit" dieses Phänomen bezeichnet, nicht nur im Kollwitzkiez, sondern im ganzen Prenzlauer Berg. Das sich als alternativ und tolerant verstehende Bürgertum ziehe sich in einen Raum ohne soziale Kontraste zurück, wo die eigene Toleranz gar nicht erst auf die Probe gestellt werde, lautete der zentrale

» Zu DDR-Zeiten wirkte hier vieles zerfallen und grau, Einschusslöcher dominierten die Fassaden. Und genau dieses Unfertige mochten wir. Es hat uns Freiräume eröffnet. Die Husemannstraße wurde als einzige Straße im Kiez saniert. Honecker kam, um sich dieses Prestigeobjekt anzusehen. Wenige Jahre später bröckelte der gesamte Putz wieder ab, weil er nur eilig draufgeklebt war. Heute prägt unseren Kiez eine andere, nicht minder interessante Mischung aus Urbanität und Design. Die meisten

Anwohner sind hier zwischen 35 und 55, kultiviertes Mittelalter. Ich bin sehr gespannt, was passiert, wenn die Kinder vom Kollwitzplatz in ihre Sturm-und-Drangzeit kommen und hier keine Freiräume finden, schließlich gibt es hier nichts, was nicht schon ideell oder funktionell besetzt ist. Dennoch ist der Kiez für mich interessant und tolerant. Jedes Mal, wenn ich aus der Straßenbahn steige, denke ich, ich betrete eine harmonisierte Insel. Ich liebe diesen Ort. Es gibt für mich nur einen Grund, hier wegzugehen, nämlich den, mir diesen Standard nicht mehr leisten zu können.

Jacqueline Köster, Religionswissenschaftlerin und Kiezbewohnerin seit 1982, in der „Bar Gagarin" in der Knaackstraße

Vorwurf. Und noch schlimmer: Mit dem Geld ihrer Eltern drängten die Wohlstandskinder die Alteingesessenen aus dem Kiez. Diese Kritik zielt vor allem auf Zuwanderer aus dem Südwesten Deutschlands ab – sie werden sowohl für steigende Mieten als auch für das Abwandern von Clubs und das Verschwinden der Subkultur verantwortlich gemacht. Im Laufe des Jahres 2013 tauchte an vielen Hauswänden das Kürzel TSH auf, das für „Totaler Schwaben-Hass" steht. Auch das Kollwitzkiez-Urgestein Wolfgang Thierse, SPD-Politiker und ehemaliger Bundestagspräsident, ließ es sich nicht nehmen, in den Chor der Schwaben-Lästerei einzustimmen: Statt Schrippen bekäme man nur noch Wecken beim Bäcker. Wahrheit oder Dichtung?

Wer jemals in Berlin versucht hat, echtes Laugengebäck zu erstehen, weiß, dass Schwaben im hauptstädtischen Backgewerbe so gut wie gar nicht vertreten sind. Auch der Vorwurf der schwäbischen Invasion auf dem Immobilienmarkt lässt sich empirisch nicht belegen, zumindest ergibt das eine Anfrage bei Maklern, die sich auf das Wohneigentumssegment in den Innenstadtbezirken spezialisiert haben.

Letztlich geht es gar nicht um die Schwaben. Der Schwabe dient lediglich als Buhmann für den sozioökonomischen Wandel – eine unschöne, aber ausgesprochen menschliche Reaktion. Bemerkenswert sind allerdings die mangelhaften Geografiekenntnisse derjenigen, die sich in den Konflikt einschalten und zwischen beiden Seiten vermitteln wollen. So fordern manche von ihnen ihre schwäbischen Mitbürger dazu auf, ein Straßenfest zu feiern und dort das ein oder andere Rothaus-Bier auszugeben. Dieses wird allerdings von der gleichnamigen Badischen Staatsbrauerei im Schwarzwald hergestellt.

5 Am Kollwitzplatz trifft die Husemannstraße auf die Wörther Straße, wo die Cafédichte besonders hoch ist.

6 Im Herzen des Kiezes befindet sich das 1961 aufgestellte Denkmal für Käthe Kollwitz, der Namenspatronin des Platzes.

7 U-Bahnhof Eberswalder Straße: Mit der hier oberirdisch verlaufenden U2 ist man im Kiez gut angebunden.

8 „Konnopke's Imbiss" unter der Hochbahn hat längst Kultstatus: Menschen stehen hier Schlange, um eine Currywurst zu ergattern.

5

6

7

8

Savignykiez

Der Else-Ury-Bogen am S-Bahnhof Savignyplatz trägt seit 1999 den Namen einer früheren Kiezbewohnerin, die in Auschwitz ermordet wurde.

Glanz im alten Westen

Der Kurfürstendamm galt zwischen Adenauerplatz und Joachimstaler Straße samt den nördlichen Nebenstraßen schon immer als exklusive Wohngegend. Trotz neuer Konkurrenz aus dem Osten deutet nichts darauf hin, dass sich das jemals ändern wird.

„Am Savignyplatz ist Berlin am berlinischsten", soll Otto Sander einmal gesagt haben. Wie er das genau gemeint hat, kann man ihn nun leider nicht mehr fragen. Indizien sprechen aber dafür, dass der 2013 verstorbene Schauspieler mit den auffällig blauen Augen und der markanten rauchigen Stimme die Ess- und vor allem die Trinkkultur gemeint haben könnte. Für ihn war stets ein Stehplatz am Tresen in der „Paris Bar" in der Kantstraße reserviert. Durch „ewiges Rumstehen" habe er sich dieses Vorrecht über viele Jahre „erarbeitet". Ein

Messingschild markiert noch immer seinen Platz an der Theke.

Anderen prominenten Gästen reichte ein Stehplatz hingegen nicht aus. So soll sich Madonna einst geweigert haben, den für die italienische Filmlegende Gina Lollobrigida freigehaltenen Platz zu räumen. Ohne Voranmeldung hatte auch eine Popdiva in der „Paris Bar" schlechte Karten. Und der damalige PDS-Pressesprecher Hanno Harnisch schnappte sich mehr als angeheitert einfach das Auto des hier mit dem SPD-Politiker Walter Momper dinierenden Choreografen Johann Kresnik – einen roten Trabi. Das war in den Neunzigerjahren. Mittlerweile sind die Zeiten für die Bar schwieriger geworden.

2005 mussten die beiden Österreicher, die das Lokal, das in den Fünfzigerjahren von einem früheren französischen Besatzungssoldat gegründet worden war, 1979 übernommen und zu einer West-Berliner Institution gemacht hatten, Insolvenz anmelden. Das Finanzamt hatte festgestellt, dass die Wirte jahrelang Steuern in Millionenhöhe hinterzogen hatten. Das Publikum hielt der Bar, die dank neuer Geldgeber den Betrieb fortführen konnte, zwar die Treue, Ende 2013 folgte allerdings der nächste Tiefschlag: Das Ordnungsamt ließ die Holzterrasse vor dem Lokal abreißen, um das Straßenbild zu „verschönern". All die Proteste von Stammgästen wie der Künstlerin Elvira Bach, dem Literaturkritiker Hellmuth Karasek oder dem Promi-Frisör Udo Walz halfen nichts. Auch die „betrunkene Laterne" musste abgebaut werden. Die Lampe mit dem S-förmigen Mast hatte als Wahrzeichen der „Paris Bar" neben dem Eingang gestanden.

Der Zustand der „Paris Bar" ist symptomatisch für die feinste Gegend Charlottenburgs, den Kiez zwischen Hardenbergstraße im Osten, Bismarckstraße im Norden, Leibnizstraße im Westen, Kurfürstendamm im Süden und Savignyplatz in seinem Zentrum. Man ist nun nicht mehr der Nabel der (West-)Berliner Welt, vieles hat sich seit der Wiedervereinigung nach Mitte verlagert – und damit auch der Glamour. Die Berlinale bespielt seit 2000 lieber hauptsächlich den Potsdamer Platz, und Demons-

tranten ziehen als Schauplatz für ihre Protestzüge das Brandenburger Tor und die Straße des 17. Juni dem Ku'damm vor. Auch der Bahnhof Zoologischer Garten wurde mit der Eröffnung des neuen Hauptbahnhofs 2006 vom Fernbahnhof zur Regionalbahnhaltestelle degradiert. Das 1993 geschlossene Schiller Theater in der Bismarckstraße dient zudem nur noch als Ersatzspielstätte, wenn anderswo renoviert wird. So residiert hier seit 2010 die Staatsoper, deren Gebäude Unter den Linden saniert wird.

Man lebt von der Erinnerung an den Glanz der alten Zeit – und man lebt gut davon, denn hier und da ist er noch sichtbar. Nirgendwo in Berlin gibt es prächtigere Altbauten, die meisten Wohnhäuser gleichen kleinen Palästen. Statt eines unscheinbaren Hausflurs erstreckt sich hinter der Eingangstür häufig eine Halle mit Marmorwänden und Spiegeln. Und über den Dächern erhebt sich so mancher Zierturm. Wird eine der begehrten Wohnungen in einer der ruhigen Seitenstraßen frei, sei es in der Mommsen-, Bleibtreu- oder Carmerstraße, so liegt die Kaltmiete bei bis zu 15 Euro für den Quadratmeter. Ein Blick auf die erlesenen Restaurants,

Die legendäre „Paris Bar", hier noch mit ihrem Wahrzeichen, der „betrunkenen Laterne", auf der Terrasse

Schmuckvolle Häuserfassaden wie diese in der Bleibtreustraße finden sich zuhauf in dem feinen Charlottenburger Kiez um den Savignyplatz.

Weinläden, Antiquitäten- und Einrichtungsgeschäfte zeigt: Hier wohnen Menschen, die es sich gern gut gehen lassen. Das nötige Kleingeld in der Tasche ist dabei durchaus hilfreich.

Abgesehen von den Sechziger- und Siebzigerjahren, als Studenten-WGs oftmals große, hochherrschaftliche Wohnungen übernehmen konnten, deren vorige Bewohner die Mauerstadt in Richtung Bundesrepublik verlassen hatten, war der Savignykiez stets eine großbürgerliche Wohngegend. Um 1900, als der Bauboom in dem zum Spargelanbau genutzten Gebiet begann, lebten 54 Prozent der Charlottenburger in Vorderhäusern. Die in Berlin zu dieser Zeit hochgezogenen Mietskasernen mit mehreren engen Innenhöfen spielten hier eine weniger wichtige Rolle. Das zu Geld gekommene Bürgertum ließ bei der Fassadengestaltung seiner Fantasie freien Lauf, was in ästhetischer Hinsicht nicht allen behagte. Walther Rathenau, der in der Weimarer Republik Außenminister werden sollte, formulierte es 1899 folgendermaßen: „Man fühlt sich wie im Fiebertraum, wenn

man eine der großen Hauptstraßen des Westens zu durcheilen gezwungen ist. Hier ein assyrischer Tempelbau, daneben ein Patrizierhaus aus Nürnberg, weiter ein Stück Versailles, dann Reminiszenzen vom Broadway, von Italien, von Ägypten."

Bevor die erste Berliner U-Bahn 1902 ihren Betrieb aufnahm, setzte das erst 1920 eingemeindete Charlottenburg durch, dass der Abschnitt der Stammstrecke (eine Mischung des heutigen Streckenverlaufs von U1 und U2), der über das eigene Gebiet führte – vom Wittenbergplatz über den Zoologischen Garten zum „Knie", dem späteren Ernst-Reuter-Platz – unter der Erde verlaufen sollte. Man fürchtete, der Verkehrslärm einer überirdischen Bahn könnte den Wert der eben erst neu gebauten Häuser mindern. Auf Schöneberger und Berliner Gemarkung dagegen verkehrte zwischen Nollendorfplatz und Warschauer Brücke (heute Warschauer Straße) mit lautem Rumpeln eine in der Errichtung kostengünstigere Hochbahn. Der Rivalität zwischen Charlottenburg und der aufstrebenden Nachbargemeinde Wilmersdorf ist der unterhalb des Kurfürstendamms bis zur Endhaltestation Uhlandstraße verlaufende Abschnitt der heutigen U1 zu verdanken. Denn Wilmersdorf wollte seine Verbindung nach Berlin durch eine Strecke vom Thielplatz zum Wittenbergplatz verbessern. Bevor aber die Wilmersdorf-Dahlemer Bahn – die heutige U3 – 1913 in Betrieb gehen konnte, blockierte Charlottenburg, das eine Abwanderung von Steuerzahlern befürchtete, längere Zeit die Planung, schließlich befand sich der Wittenbergplatz damals ebenso wie der Teilabschnitt am Tauentzien auf eigenem Gebiet. Die Kompromisslösung: Neben der bereits bestehenden Bahnstrecke zum „Knie" wurde eine zusätzliche Stichstrecke, jener heutige Endabschnitt der Linie U1, zur Anbindung des Kurfürstendamms geschaffen.

Der Kurfürstendamm, dessen Verbreiterung auf 53 Meter auf Otto von Bismarck zurückgeht, der die als Reitweg angelegte Straße zu einem Boulevard nach Vorbild der Pariser Champs-Élysées hatte umgestalten lassen, entwickelte sich zum liberalen Gegenstück der Prachtstraße Unter den Linden, wo die Hofschranzen entlang klassizistischer Protzbauten flanierten. Während der Kaiser gegen die ihm zu moderne „Rinnsteinkunst" wetterte, die sich in der bürgerlichen Gegend um den Ku'damm etablierte, trafen sich ab 1898 im „Café des Westens" an der Ecke Joachimstaler Straße, wo später das „Café Kranzler" entstehen sollte, zahlreiche prominente Künstler und Bohemiens. Zu ihnen gehörten Max Reinhardt, Else Lasker-Schüler, Richard Strauss, Frank Wedekind, Friedrich Hollaender und Erich Mühsam. Ihrem stundenlangen Müßiggang und den ausufernden Diskussionen, überhaupt ihrem unkonventionellen Auftreten, verdankte die auch „Café Größenwahn" genannte Institution ihren Ruf als Sündenpfuhl. 1913 eröffnete der Betreiber Ernst Pauly ein paar

Das charmante Bed & Breakfast „Hommage à Magritte" in der Grolmanstraße hat dem surrealistischen Maler René Magritte ein Denkmal gesetzt.

Häuser weiter im gerade neu gebauten Lichtspielhaus „Union-Palast" am Kurfürstendamm 26 einen Ableger, das neue „Café des Westens", wo vor allem Konzerte stattfanden. Die Boheme blieb allerdings am alten Ort, der zwei Jahre später jedoch schloss. Das Kino hingegen überlebte als „Filmbühne Wien" auch das neue „Café des Westens" und bestand bis ins Jahr 2000. In den folgenden Jahren nutzten die Bekleidungskette C&A sowie das Salvador-Dalí-Museum vorübergehend den denkmalgeschützten Bau, von dem Fassade, Treppenhaus und Kinosaal samt Rängen noch gut erhalten sind. Seit 2013 zieht

1 Die Bleibtreustraße lebt von ihrer Außengastronomie. Ins alteingesessene Lokal „Lubitsch" ist schon die Schauspielerin Jodie Foster eingekehrt.

2 Eine der zwei spiegelgleichen Bronzeskulpturen „Knabe mit Ziege" von August Kraus auf dem begrünten Savignyplatz

3 Durch diese prächtige Pforte in der Bleibtreustraße ist früher die Schauspielerin Tilla Durieux geschritten, als sie hier wohnte.

4 Haus mit einem für die Gegend typischen Ziertürmchen in der Bleibtreustraße

1   2   3   4

der Computerkonzern Apple mit seinem Flagship-store Menschenmassen in die tempelartige Halle des alten „Union-Palastes". Doch nicht alle beabsichtigen, für die heiße Ware aus den USA zu zahlen: Eines Nachts, kurz vor Weihnachten 2013, fuhren Einbrecher mit einem gestohlenen Opel Corsa mitten durchs Schaufenster und verschwanden mit Smartphones, Laptops und Tablets als Beute.

Dass der Flagshipstore von einer globalen Marke einem altehrwürdigen Kino nachfolgt, ist am

Auch die Kaffeehäuser, für die der Ku'damm früher berühmt war, tun sich schwer mit den neuen Zeiten. Das traditionsreiche „Café Möhring" verschwand als einer der letzten Platzhirsche 2000, und das geschrumpfte „Café Kranzler" ist nur noch ein Schatten seiner selbst. Das Stammpublikum der Kaffeehäuser ist schon fast ausgestorben: die sogenannten Wilmersdorfer Witwen, vermögende ältere Damen mit Betonfrisuren, die Tag für Tag stundenlang bei Kaffee und Sahnetorte plauderten.

Die Fahne der Kaffeehaustradition hält noch das „Reinhard's" im Kempinski Hotel Bristol hoch – ein Bollwerk des guten Geschmacks. Das Kempinski war 1952 als erster Hotelneubau im geteilten Berlin eröffnet worden und beherbergte seitdem prominente Gäste wie Thomas Mann, Erich Kästner, Maria Callas, Alfred Hitchcock, Yehudi Menuhin, Fidel Castro, John Wayne und Mick Jagger.

Prominente Bewohner hatte der Kiez schon immer, doch Prominenz schützte viele von ihnen nicht vor dem, was in den Jahren des Nationalsozialismus geschah. Else Ury, die zehn

Zwei ältere Damen genießen ihren Spaziergang in der Bleibtreustraße.

Ku'damm kein Einzelfall. Auch das „Astor", das seit 1934 an der Kreuzung zur Fasanenstraße betrieben wurde, musste 2002 schließen. Allerdings nicht, weil die Zuschauer ausblieben, sondern weil es die drastisch erhöhte Miete nicht zahlen konnte – im Gegensatz zu Tommy Hilfiger. Allerdings ist der Name „Astor" nicht völlig verschwunden. Seit 2008 wendet sich die „Astor Film Lounge" im Gebäude des alten „Filmpalastes Berlin" an der Ecke Joachimstaler Straße an eine Klientel, die gerne ein paar Euro mehr zahlt, um Champagner und Antipasti am Platz serviert zu bekommen. Die früheren 660 Sitze mussten 250 großzügigen Einzelsesseln weichen.

äußerst erfolgreiche Bände des Backfischromans „Nesthäkchen" verfasste, wohnte von 1905 bis 1933 in der Kantstraße 30. 1935 erhielt sie Publikationsverbot, 1943 wurde sie nach Auschwitz deportiert und dort ermordet. Seit 1999 trägt die kleine charmante Passage mit Cafés und Läden entlang der S-Bahntrasse zwischen Savignyplatz und Bleibtreustraße ihren Namen. Am Else-Ury-Bogen befindet sich auch der stadtbekannte „Bücherbogen": eine auf Kunst, Film und Design spezialisierte Buchhandlung in einem ebenerdigen Gewölbe unter den Gleisen.

Neben dem Kempinski konkurrieren heutzutage zahlreiche weitere Hotels im Kiez rund um den

>> Unseren Laden gibt es seit 1898, wir sind die dritte Generation. Die grüne Schrankwand zu meiner Linken ist so geblieben, wie sie damals gebaut wurde. Jede Kiste passt in eine bestimmte Schublade. Die sind alle nummeriert, sodass man sie nicht vertauschen kann. Die Farbe ist auch original. Wir sind anders als die Baumärkte. Unser Personal weiß richtig Bescheid und den Computer benutzen wir nur, um die Rechnung zu schreiben. Im Zweifelsfall zahlen die Kunden lieber zehn Cent mehr für die Schrau-

be, wenn dafür die Beratung stimmt. Wir verkaufen auch eine einzelne Schraube, Feder, Mutter oder Unterlegscheibe. Das benachbarte „Stilwerk" hat in den letzten Jahren sehr viele hochwertige Läden angezogen, was die chinesischen Läden auf der Kantstraße gut ergänzt. Das passt zu unserem Angebot. Wer zum Beispiel einen schönen Stoff kauft, bekommt bei uns die Gardinenstange, die wir auf die richtige Länge zuschneiden.

Detlef Savary, Inhaber der Eisenwarenhandlung „C. Adolph" am Savignyplatz

Savignyplatz um die Gunst der Übernachtungsgäste. Das wahrscheinlich kleinste Hotel im Kiez ist auch eines der interessantesten: die Pension Kettler in der Bleibtreustraße. Nur sechs Zimmer, davon eines an einen Dauergast vermietet, hat der 1900 gegründete Beherbergungsbetrieb, der bis 1936 in der Rankestraße/Ecke Augsburger Straße beheimatet war. Da dem Hotel sogar der Platz für einen Speiseraum fehlt, wird das Frühstück direkt am Bett serviert – oder an einem der antiken Tische in den Zimmern. Isolde Josipovici, die die Pension seit 1972 führt, hat für die Einrichtung alles gekauft, was die Berliner Antiquitätenmärkte so hergaben, und darüber hinaus etliche Werke moderner Kunst.

Die Wirtin ist im Kiez auch als die „Brunnenfee" bekannt, weil sie sich seit Jahren für den Erhalt der örtlichen Brunnen einsetzt. Als in den Neunziger-

jahren maßgeblich auf ihr Betreiben hin die Brunnenanlage am Ernst-Reuter-Platz erneuert wurde, orderte sie einen Container, um die ausgedienten Kacheln vor der Entsorgung zu bewahren. Die Kacheln ließ sie von verschiedenen Künstlern bemalen und versteigerte sie. Mit dem Erlös finanziert sie den Betrieb von Zierbrunnen, den sich der Bezirk nicht mehr leisten kann – oder will.

Die Kachelerlöse kamen auch einem weiteren Projekt der Charlottenburger Traditionspflege zugute: der Weihnachtsbeleuchtung am Ku'damm. Der Bezirk hatte 2003 seine Zuschüsse für das Lichtspektakel eingestellt, und auch die örtlichen Händler zeigten sich äußerst knausrig mit Spenden. Mittlerweile finden sich wieder Großsponsoren für die alljährliche Festbeleuchtung. Ganz ohne Glanz geht es im alten Westen eben nicht.

5 In der Traditionskneipe „Zwiebelfisch" am Savignyplatz freuen sich Anwohner wie Touristen auf eine Zwiebelsuppe zum Bier.

6 Blick auf den Else-Ury-Bogen mit seinen Lokalen

7 Markantes Eckhaus an der Kreuzung Schlüterstraße/Mommsenstraße

5

6

7

Rote Insel

An der Ecke Leuthener Straße/Gotenstraße taucht hinter den Bäumen der denkmalgeschützte Gasometer auf.

Grüne Züge und blaue Noten

Das Schöneberger Arbeiterviertel inmitten eines spitzwinkligen Dreiecks aus Eisenbahntrassen entging bislang allen Versuchen, die seinen Kiezcharakter zu zerstören drohten.

Die ersten Insulaner waren Tote. Weil es in der Nähe der St. Matthäus-Kirche im damaligen „Geheimratsviertel" im südlichen Tiergartenviertel, wo sich heute das Kulturforum befindet, keinen Platz für einen Gottesacker gab, weihte die St. Matthäus-Gemeinde 1856 ihren Friedhof auf den Feldern des Dörfchens Schöneberg ein. Während im letzten Jahrzehnt des 19. Jahrhunderts jenseits der Friedhofsmauern eine Wohngegend vorwiegend für die unteren Schichten entstand, gehörten die Bestatteten eher der höheren Gesellschaftsschicht an, denn angesichts der hohen Nachfrage nach letzten Ruhestätten kassierte man happige Grabgebühren für Nichtmitglieder der Gemeinde, was der großen Nachfrage allerdings keinen Abbruch tat. Zahlreiche Prominente wurden auf dem St. Matthäus-Kirchhof bestattet, so auch die Gebrüder Grimm, der Mediziner Rudolf Virchow und der Meiereimogul Carl Bolle. Die aufwendig gestalteten Grabmäler und die malerische Hanglage machen den Alten St. Matthäus-Kirchhof auch heute noch zu einem der beliebtesten Friedhöfe Berlins. In jüngerer Zeit wurden unter anderem der Sänger Rio Reiser (Ton Steine Scherben), die Musikerin Almut Klotz (Lassie Singers) sowie der Autor und Anti-Aids-Aktivist Napoleon Seyfarth hier bestattet.

Unter den Ersten, die hingegen zu Lebzeiten den Kiez besiedelten, waren viele Angehörige der preußischen Armee. Weil der Platz in den Kasernen nicht ausreichte, wurden Soldaten auch in den Häusern der Nachbarschaft untergebracht, nicht immer zur Freude der Hausbesitzer. Die Armee hatte die militärische Bedeutung des noch relativ jungen Verkehrsmittels Eisenbahn erkannt und Mitte der 1870er-Jahre südlich der quer durch den Kiez verlaufenden Kolonnenstraße an der heutigen Wilhelm-Kabus-Straße, wo sich ein Gewerbegebiet erstreckt, einen Militärbahnhof erbaut – und damit den ersten Bahnhof Schönebergs, der allerdings erst ab 1890 von Zivilisten benutzt werden durfte. Mit der Inbetriebnahme der „Stammbahn" nach Potsdam und der Anhalter Bahn war der Kiez schon seit 1838 nach Westen und seit 1841 nach Osten hin von Eisenbahnstrecken begrenzt. 1871 ging eine Teilstrecke der Ringbahn in Betrieb und komplettierte damit das Schienendreieck, das die vorwiegend von Arbeitern bewohnte Gegend zur Insel machte.

Das Attribut „rot" im Kieznamen ist auf einen Mythos zurückzuführen, der beinahe zu schön ist, um wahr zu sein: 1878 kehrte Kaiser Wilhelm I. nach einem längeren Kuraufenthalt infolge mehrerer Attentate nach Berlin zurück, wo ihn unzählige schwarz-weiß-rote Fahnen begrüßten. Ein Inselbewohner soll allerdings statt der Flagge des Deut-

schen Kaiserreichs eine rote Fahne gehisst haben, eine zur Zeit der Sozialistenverfolgung subversive Aktion, die er mit seiner Verbannung bezahlen musste. Ohne Zweifel aber verdankt der Kiez diesen Teil seines Namens der politischen Orientierung der Mehrheit seiner Bewohner.

Natürlich bestand die Rote Insel nie ausschließlich aus Linken. Die Offiziere der bis zum Ende des Ersten Weltkriegs betriebenen Kasernen sorgten für einen nicht unerheblichen Wähleranteil national-konservativer Parteien. Mit Theodor Heuss und Hermann Ehlers wohnten hier zur Weimarer Zeit zwei bürgerliche Politiker, die später als Bundespräsident und Bundestagspräsident zum in der protokollarischen Rangfolge ersten und zweiten Repräsentanten der jungen Bundesrepublik werden sollten. Vor allem wuchsen auf der Roten Insel aber Kulturschaffende auf, so etwa die in der Leberstraße geborene Marlene Dietrich. Die gebürtige Ulmerin Hildegard Knef verbrachte einen großen Teil ihrer

Kiezszene vor dem „Leberblümchen", einem kleinen Blumenladen in der Leberstraße

Kindheit ebenfalls in der Leberstraße. Der unwirtliche Vorplatz des nahe gelegenen Bahnhofs Südkreuz trägt seit 2007 ihren Namen.

Etwas weiter nördlich, unweit des Bahnhofs, überspannt eine schmale Fußgängerbrücke den Bahngraben nach Osten: der Alfred-Lion-Steg, der Schöneberg mit Tempelhof verbindet. Wenn auch vielen der Name „Lion" nicht unbedingt etwas sagt, haben doch einige bereits etwas von ihm gehört. 1909 wurde er als Alfred Löw in der Gotenstraße geboren, nutzte in den späten Zwanzigerjahren seine geschäftlichen Amerikareisen dazu, um seine Sammlung von Jazzplatten stetig zu vergrößern und emigrierte schließlich in die USA, wo er 1939 mit „Blue Note Records" die einflussreichste Plattenfirma der Jazzgeschichte gründete. Von Sidney Bechet und Horace Silver über Miles Davis und Thelonious Monk bis hin zu Herbie Hancock – Lion nahm sie alle auf.

Eine für das Inselleben weitaus bedeutendere Brücke als der Alfred-Lion-Steg, die Julius-Leber-Brücke, ist hingegen mit dem Namen eines Sozialdemokraten verbunden. Julius Leber gehörte neun Jahre lang der SPD-Reichstagsfraktion an, bis er

Das Grab der Gebrüder Grimm auf dem St. Matthäus-Kirchhof

1933 als „gefährlicher Regimegegner" in das Konzentrationslager Sachsenhausen verschleppt wurde. Nach seiner Freilassung 1937 beteiligte er sich an einer Kohlenhandlung in der Torgauer Straße am südlichen Ende des Kiezes – nicht nur um seinen Lebensunterhalt zu verdienen, sondern auch um unter ihrer Tarnung Kontakte zu bürgerlichen wie auch zu kommunistischen Widerstandsgruppen zu pflegen. Bei der Vorbereitung eines Putsches arbeitete er eng mit Claus Schenk Graf von Stauffenberg zusammen. Die Verschwörer des 20. Juli 1944 handelten ihn als Innenminister oder als neuen Reichskanzler. Knapp zwei Wochen vor dem gescheiterten Attentat auf Adolf Hitler wurde Leber allerdings von der Gestapo festgenommen und im Januar 1945 hingerichtet. Im Kiez tragen eine Straße und ein S-Bahnhof seinen Namen, doch was mit dem Ort geschehen soll, an dem er gewirkt hat, ist unklar.

Auf dem früher von Autowerkstätten geprägten Streifen zwischen Torgauer Straße und Ringbahn, auf dem die Reste der Kohlenhandlung stehen, entsteht ein Grünzug. Nur die Kohlenhandlung an der Ecke zur Gotenstraße darf vorerst stehen bleiben. Der Bezirk wollte die Baracke eigentlich abreißen und dort einen Gedenkort errichten, doch der von einer Jury empfohlene Wettbewerbsbeitrag für die Gedenkstätte löste allenfalls Irritationen und Unverständnis in der Nachbarschaft aus. Denn auf die Fundamente des im Krieg zerstörten und anschließend wieder aufgebauten Gebäudes sollte ein an eine Rednerbühne erinnerndes Betonpodest gesetzt werden, versehen mit dem Schriftzug „Windfang". Am Podest sollte zudem eine stilisierte Steckdosenleiste angebracht werden. Eine Steckdose? Die Begründung der Künstlerin: „Hier konnten sich energiepolitisches Basiswissen und Kontakte in alle Richtungen für die Zeit nach dem Krieg ausbilden". Es ist wohl besser, dass dieser Entwurf in der Schublade blieb. Denn das Bezirksamt ruderte schließlich zurück, vor allem auch aufgrund heftiger Proteste gegen den Abriss seitens der Bürger.

Der Streit um den Gedenkort für Julius Leber deutet an, dass es um das Verhältnis zwischen

An einer Häuserwand in der Leberstraße befindet sich das Konterfei der wohl bekanntesten Kiezbewohnerin: Marlene Dietrich.

Bezirksamt und dem Teil der Kiezbewohner, die sich zu aktuellen städtebaulichen Entwicklungen äußern, nicht zum Besten steht. Eine nicht vorgesehene Bürgerbeteiligung und eine zu große Nachgiebigkeit gegenüber Investoren sind die häufigsten Vorwürfe. Immer wieder steht auch das Schöneberger Wahrzeichen im Mittelpunkt der Diskussion: der Gasometer, der seit 1995 nicht mehr in Betrieb ist. Auf seiner runden Grundfläche befindet sich ein igluähnliches Kuppelgebilde, in das Fernsehonkel Günther Jauch jeden Sonntag nach dem Tatort zur Polit-Plauderstunde lädt. Das denkmalgeschützte etwa 80 Meter hohe zylinderförmige Stahlskelett samt Areal gehört dem Investor Reinhard Müller, der das 55 000 Quadratmeter große Grundstück unter dem Namen Europäisches

Energieforum (kurz Euref) vermarkten will. Neben Firmen aus der Energiebranche wollte Müller eine private Energie-Universität auf dem Gelände etablieren. Die Uni-Pläne scheiterten aber, nachdem sich Müller mit seinem Partner, dem Berliner Baulöwen Klaus Groth, überworfen hatte. Lediglich drei Master-studiengänge der Technischen Universität konnte er auf das Gelände locken.

Kritiker monieren, der Investor käme seiner Pflicht, den Gasometer instand zu halten, nicht nach. Um die Liegenschaft, auf der in den nächsten Jahren Büro- und Hotelgebäude mit einer Höhe von bis zu 55 Metern geplant sind, an das Straßennetz anzubinden, war vereinbart, dass Müller eine Unterquerung der Ringbahn bezahlt. Doch weil laut Investor die Zufahrtsstraße teurer werde als geplant, sagte der Bezirk

1 Blick auf die Königin-Luise-Gedächtniskirche am Gustav-Müller-Platz

2 Kiezleben auf der Leberstraße

3 Das „Café Sunar" liegt in der Helmstraße/Ecke Crellestraße in einem verkehrsberuhigten Bereich.

4 Der bunt bemalte „Volksfaden" in der Crellestraße bietet ebenso bunte Stoffe an.

1   2   3   4

Das Euref-Gelände mit Gasometer

zu, beim Land Fördermittel für 60 Prozent der Baukosten zu beantragen und selbst die Bauführung zu übernehmen – und damit auch die Haftung für weitere Kostensteigerungen. Da mehrere Tausend Arbeitsplätze auf dem Gelände entstehen sollen, fürchten die Anwohner außerdem nervenden Parksuchverkehr.

Es geht um Grundsätzliches: Wer soll künftig den Ton auf der Roten Insel angeben: Investoren oder langjährige Bewohner? Im Fall des Gasometers ist der Streit um die Lufthoheit auch wörtlich zu verstehen – der Investor platzierte vier Jahre lang eine massive Leuchtreklame auf den Stahlstreben, wodurch die Anwohner nicht nur ihr Recht auf einen werbefreien Nachthimmel verletzt, sondern auch die Stabilität des sanierungsbedürftigen Denkmals in Gefahr sahen.

Die Rote Insel gerät unter Druck. Man könnte auch sagen, das Festland rückt bedrohlich auf sie zu. Teile der Küste wurden schon erobert. Der Gasometer ist der prominenteste Fall, aber nicht der einzige. Die Bahngräben, die die Insel westlich und östlich begrenzen, haben es Bauherren und -damen angetan.

Auf der westlichen Seite der S1-Trasse, genau genommen also außerhalb der Insel, entsteht an der Langenscheidtbrücke ein aus mehreren Gründen umstrittener Neubau. Zum einen, weil ihm neben Abschnitten des beliebten „Crelle-Urwalds", eines grünen Idylls an der Crellestraße, drei Linden zum Opfer fielen. Zum anderen, weil vielen im Kiez das ganze Vorhaben überdimensioniert erscheint: zu viel gläserne Fassade, zu viel Tiefgarage, zu viel Wohneigentum.

Am östlichen Bahngraben auf der anderen Kiezseite, noch auf dem Territorium der Roten Insel, ist die Zukunft der sogenannten Bautzener Brache entlang der Bautzener Straße ungeklärt. Hier möchte der Besitzer der Hellweg-Baumärkte mehr als 250 Wohnungen samt Tiefgaragenplätzen sowie Gewerbeflächen errichten. Kurioses Detail: Das Areal war bis zur Wende Eigentum der Deutschen Reichsbahn, der Staatsbahn der DDR. Diese verkaufte, wie in der DDR üblich, drei dort stehende Häuser ohne den dazugehörigen Grund an einen Privatmann, der wiederum für den Boden Pacht zahlte. Jahre nach der Wende veräußerte die Immobilientocher der Deutschen Bahn, Vivico, die Fläche, die Häuser blieben aber in Privatbesitz. Jenen Hausbesitzer verklagte der Baumarktmagnat, dem die Fläche inzwischen gehört, auf Abriss seiner Immobilien. Zumindest bei einem der Häuser dürfte das schwierig werden, handelt es sich doch um das Gasthaus „Zum Umsteiger" am S-Bahnhof Yorckstraße, das Ende 2013 unter Denkmalschutz gestellt wurde.

Nicht allen Bahnbrachen, die die Rote Insel umgeben, droht die Verbauung. Vielmehr entsteht derzeit mit Mitteln aus dem Programm „Stadtumbau West" ein System aus Grunkorridoren, zu dem auch der geplante Grünstreifen an der Torgauer Straße zählt, wo die Lebersche Kohlenhandlung steht. Wenn die sogenannte „Schöneberger Schleife"

5 Das „Mehlstübchen" in der Leberstraße, Berlins erste Mehlmanufaktur

6 Grünes Idyll in der Crellestraße

7 Eckhaus an der Gotenstraße/Leuthener Straße, in dem die Kiezkneipe „Goten-Quelle" residiert

8 Auffällige Verzierungen einer Hausfassade in der Leberstraße

5

6

7

8

» Die Westtangente sollte durch den Graben der Wannseebahn verlaufen. Ich wohnte damals in der Cheruskerstraße. Der Auslöser, gegen die Autobahn aktiv zu werden, war die geplante Verlegung eines Spielplatzes 1973, aber es ging uns nie nur um dieses Stückchen Autobahn, sondern um eine grundsätzliche Kritik an der Stadt- und Verkehrsplanung. Die Gesamtplanung sah ja 52 Tunnel, West-, Ost-, Nord- und Südtangente und ein ganzes System von neuen Straßen vor. Da wurde wie bei Speer über die

Häuser hinweg geplant. Wir haben eine Mutter und eine Lehrerin klagen lassen. Während des Prozesses sagte das Oberverwaltungsgericht, der Senat müsse die Planung verändern. Daraufhin wollten die Planer einfach den Abstand zu den Häusern von fünf auf zwölf Meter vergrößern. Dem Gericht reichte das als Anwohnerschutz nicht. Wegen der notwendigen Änderungen hätte das Planungsverfahren von vorne beginnen müssen. 1981 zog der Senat die Planung zurück. Allerdings stand die Westtangente bis nach der Wende im Flächennutzungsplan, deshalb sind auch wir aktiv geblieben.

Norbert Rheinlaender, Architekt und Gründungsmitglied der „Bürgerinitiative Westtangente", auf der Langenscheidtbrücke über der S1

einmal fertiggestellt ist, gibt es einen durchgehenden Fußweg vom Park am Gleisdreieck auf der Ostseite des Kiezes entlang der S2/S25-Strecke vorbei an dem Gewerbegebiet an der Wilhelm-Kabus-Straße, das der Karstadt-„Retter" Nicolas Berggruen 2013 erwarb, bis hin zur Ringbahn. Ihrem Verlauf folgend soll der Fußweg weiter vorbei an dem Rest von Lebers Kohlenhandlung, anschließend entlang der westlichen Wannseebahn-Trasse nördlich bis zum Potsdamer Platz und zurück zum Gleisdreieck führen. Das Ziel, einen solchen Grünzug zu errichten, ist unstrittig, über die Ausführung wird auf der Roten Insel leidenschaftlich diskutiert. Soll er eher wie ein Park gestaltet sein, oder soll lieber möglichst viel vom heutigen Wildwuchs erhalten bleiben? Manche fordern asphaltierte Wege, während andere vor potenziellen „Fahrradautobahnen" warnen.

Die Skepsis der Insulaner hat wohl auch damit zu tun, dass der Kiez in der Vergangenheit schon zwei Mal nur knapp seiner Zerstörung durch überdimensionierte städtebauliche Projekte entkommen ist. Die größenwahnsinnigen Pläne der Nationalsozialisten, Berlin zur „Welthauptstadt Germania" umzuformen, sahen eine mit gigantischen Protzbauten versehene

Nord-Süd-Achse quer durch die Stadt vor, der der Kiez weichen sollte. 1938 begann man schon, Gräber vom Alten St. Matthäus-Kirchhof nach Stahnsdorf umzubetten. 4500 Grabstellen waren betroffen, ehe der Arbeitskräftemangel nach Kriegsbeginn die „Umgestaltung" schließlich stoppte.

In den Siebzigerjahren wollte der Senat im Rahmen des Konzepts einer „autogerechten Stadt" hingegen eine Autobahn durch den Wannseebahngraben bauen. Die sogenannte Westtangente sollte als Verlängerung der A103 vom Kreuz Schöneberg durch den Tiergarten nach Norden führen, direkt am Reichstag vorbei. Am Gleisdreieck war dort, wo jetzt der Park ist, ein Autobahnkreuz geplant. Diesem Projekt waren nicht nur einige Häuser im Weg, sondern auch die S-Bahnlinie 1. Für sie war ein Tunnel geplant, der sie unter der Roten Insel hindurch zur heutigen S2/S25-Strecke geführt hätte. Für die Westtangente wurde die Kolonnenstraße verbreitert, die als Zubringer dienen sollte. Aus der Autobahn wurde allerdings nichts, weil sich Bürger vehement gegen sie wehrten. Statt der Westtangente schlugen sie eine „Grüntangente" vor, die jetzt – Jahrzehnte später – im Rahmen der „Schöneberger Schleife" verwirklicht wird.

Schillerkiez

Blick von einem temporären Gemeinschaftsgarten auf dem Tempelhofer Feld auf eine Häuserzeile des angrenzenden Schillerkiezes

Stofftasche und Farbbeutel

Der Kiez rund um die Schillerpromenade, der im Norden an die Flughafenstraße, im Osten an die Hermannstraße, im Süden an die Ringbahn und im Westen an das Tempelhofer Feld grenzt, hat sich in den vergangenen Jahren von einem berüchtigten sozialen Brennpunkt zu einer der beliebtesten Wohngegenden Berlins gewandelt.

Es sollte ein Viertel für die Besserverdienenden werden. Als die Stadt Rixdorf 1901 den Bebauungsplan für das Ackerland östlich des Tempelhofer Felds beschloss, wollte man gut situierte Bürger aus Berlin und den anderen Nachbargemeinden anlocken. Zwar wurde zur Jahrhundertwende im rasant wachsenden Rixdorf, das 1912 in Neukölln umbenannt wurde, durchaus Geld erwirtschaftet. Da es die Fabrikbesitzer jedoch vorzogen, in Berlin oder in den damals ebenfalls noch selbstständigen Städten Schöneberg und Charlottenburg zu leben, fehlten deren Steuern im Stadtsäckel Neuköllns.

Nur durch die Hermannstraße getrennt entstand in direkter Nachbarschaft des dicht bebauten Arbeiter- und Amüsierviertels am Rollberg eine neue vornehmere Siedlung. Sie gruppierte sich um die Schillerpromenade, nach der der Kiez benannt ist. Mit einem Durchmesser von 50 Metern gehört die Schillerpromenade zu den breiteren Straßen Berlins, sicherlich aber nicht zu den lautesten, einem parkartigen Grünstreifen in der Straßenmitte sei Dank. Den ersten Kiezbewohnern sollte weitaus mehr Komfort geboten werden als in den Mietskasernen üblich war – zumindest den Bewohnern der Vorderhäuser. Denn der Bebauungsplan sah auch hier eine seit der Gründerzeit verbreitete Blockrandbebauung mit Seitenflügeln und Hinterhäusern vor, wobei die Hinterhöfe wesentlich geräumiger und heller ausfielen als in den zuvor errichteten Arbeiterquartieren in anderen Teilen Rixdorfs oder Berlins. Die Altbaustruktur ist im Wesentlichen erhalten, da die Gegend die Bombennächte des Zweiten Weltkriegs verhältnismäßig gut überstanden hatte – die Alliierten wollten den nahe gelegenen Flughafen Tempelhof verschonen, um ihn nach einem erfolgreichen Kriegsausgang selbst nutzen zu können. Später hatten die Gebäude das Glück, keinem Sanierungsplan oder Autobahnbau im Wege zu sein.

Nicht nur die durchgehend erhaltenen Altbauten, auch das Kopfsteinpflaster und die hohe Baumdichte verleihen den Straßen im Viertel ein urtümliches Gepränge. Von den damaligen Verzierungen der Häuserfassaden ist allerdings nicht mehr allzu viel zu sehen, die meisten Hauswände erhielten in den Nachkriegsjahrzehnten eine glatt verputzte Oberfläche. Nur manche Gebäude, wie etwa an der Schillerpromenade 13, verweisen durch vereinzelte Ornamente auf ihr früheres Erscheinungsbild. Auch Rundbögen, Türmchen und Erker gehörten zur Standardausstattung und lassen ein gewisses Repräsentationsbedürfnis der Bauherren erkennen.

Von den vielen kleinen Geschäften im Parterre der Vorderhäuser, die noch bis in die Siebzigerjahre das Straßenbild prägten, haben zwar die wenigsten bis heute überlebt, an einigen Häusern zeugen aber noch Reklameschilder von den alten längst geschlossenen Lebensmittelläden. So etwa in der Schillerpromenade 11, wo neben der Tür ein altes Blechschild für Feinkost, Süßwaren und Flaschenbier der Marke Pilsator wirbt. Der Beschriftung über dem Eingang nach zu urteilen war das Warenangebot bunt: Milch und Martini verkaufte man hier gleichermaßen.

Die ursprüngliche Absicht der Stadtplaner, im Schillerkiez vorwiegend geräumige Wohnungen für das Großbürgertum auf den Markt zu bringen, ließ sich nicht lange aufrechterhalten. 1911, als hohe Zinsen und eine weit verbreitete Kriegsangst den Bauboom stoppten, zählten die städtischen Statistiker 12 350 Ein- oder Zweizimmerwohnungen. 1011 Wohnungen hatten wiederum drei Zimmer, 102 vier Zimmer, 18 fünf Zimmer, während nur neun Wohnungen sechs Zimmer oder mehr aufwiesen. Die Bebauung reichte zu diesem Zeitpunkt noch nicht bis zum als Exerzierplatz genutzten Tempelhofer Feld. Die Häuser in der Oderstraße, aus deren oberen Etagen man heute bis zum Flughafengebäude

Jeden Samstag findet der „Schillermarkt" auf dem Herrfurthplatz statt.

Summer in the City: Herrfurthstraße/Ecke Weisestraße

am Platz der Luftbrücke sehen kann, wurden erst nach dem Ersten Weltkrieg errichtet, einige von ihnen nach den Plänen des bekannten Architekten Bruno Taut. Auch der nördliche Kiezrand an der Flughafenstraße war noch unbebaut und beherbergte eine Laubenkolonie. Im Süden des Viertels entstanden bis 1914 mit der Emser Straße und der Warthestraße zwei Straßen auf dem früheren Ackerland, die durch parallel angelegte Friedhöfe vom Rest des Neubaugebiets um die Schillerpromenade abgetrennt waren.

Was zur Zeit der Bauplanung noch niemand ahnte: Der Luftraum über dem St. Thomas-Friedhof sollte später eine Einflugschneise des Flughafens Tempelhof werden, da hier weniger Häuser im

Weg standen. Für Fluggäste war der Landeanflug ein beeindruckendes Erlebnis, da sie den Leuten in ihre Wohnzimmer schauen konnten. Für die Bewohner der Leinestraße und Warthestraße war das eine ziemlich laute und indiskrete Angelegenheit. Die erste Generation der Bewohner im Schillerkiez ärgerte sich wiederum aus anderen Gründen über die Friedhofskonzentration in ihrer Nachbarschaft: Die Flächen gehörten Berliner Kirchengemeinden, die sich rechtzeitig Grundstücke im Umland gesichert hatten, da ihnen der Platz allmählich ausgegangen war. Die Neuköllner mussten ihre Toten hingegen weiter südlich bestatten. Das rasante Wachstum der preußischen Hauptstadt forderte eben nicht nur Platz für die Lebenden, sondern

1

2

3

auch für die Verstorbenen. Als es während des Zweiten Weltkriegs auf den Friedhöfen besonders viel zu tun gab, betrieb die Evangelische Kirche auf dem St. Thomas-Friedhof ein Zwangsarbeiterlager. Aus Russland und der Ukraine verschleppte Zivilisten mussten hier Gräber für die Opfer der Luftangriffe ausheben, während sie selbst den Bomben schutzlos ausgesetzt waren, denn den als Untermenschen betrachteten „Ostarbeitern" war die Benutzung von Luftschutzbunkern strengstens untersagt. Immerhin begann die Kirche im Jahr 2000 damit, sich öffentlich mit diesem dunklen Kapitel aus ihrer Vergangenheit auseinanderzusetzen.

Nördlich und südlich von Gottesäckern umgeben liegt die Warthestraße wie eine einsame Insel im Friedhofsmeer. Nicht eine Querstraße kreuzt sie. Man könnte meinen: Wer hier unterwegs ist, wohnt auch hier. Der örtliche Friseur steht rauchend vor seinem Salon und grüßt die Passanten. Den wenigen Geschäften in der Straße könnte es besser gehen, es fehlt die Laufkundschaft. Doch wie auch im restlichen Schillerkiez ist hier nichts mehr von den zahlreichen roten Schildern zu sehen, die zur Jahrtausendwende auf freie Wohnungen hinwiesen. Ein Studentencafé und ein Atelier haben die Straße für sich entdeckt. Letzteres befindet sich in dem Haus, das aufmerksame Privatfernsehzuschauer mit dem „schlimmsten Vermieter Berlins" in Verbindung bringen. Der Eigentümer hatte für Aufsehen gesorgt, da er wegen der Veruntreuung von Mieterkautionen zu einer Gefängnisstrafe verurteilt wurde und das Bezirksamt sein heruntergekommenes Haus für unbewohnbar erklärte. Hier entstanden zwar Atelierräume, die Gentrifizierung hat diesen Teil des Schillerkiezes bislang jedoch noch nicht erfasst. Fürs Erste werden wohl keine Feinkostgeschäfte

in die Häuser mit den malerischen Fassaden rund um den Wartheplatz einziehen. Zur Kaiserzeit gab es hier übrigens einen prächtig bepflanzten Ziergarten. Bei Anbruch der Dunkelheit wurde er geschlossen, um Vandalismus zu verhindern – ganz so wie heute das Gelände des früheren Flughafens, das zweihundert Meter weiter westlich beginnt.

Während in der Warthestraße noch der Trend zur Umwandlung leer stehender Ladenlokale in Wohnungen sichtbar ist, sind im Herzen des Kiezes die Gewerberäume längst rar geworden. Rund um den Herrfurthplatz konsumiert ein junges internationales Publikum Minipizza und hand-

Die in den letzten Jahren neu gegründeten Cafés und Imbisse konzentrieren sich in der Herrfurthstraße.

gemachte Burger, die von jungen internationalen Existenzgründern angeboten werden. Auch wenn der Kiez immer beliebter wird, kann von einer vollständigen Verdrängung der Alteingesessenen allerdings noch keine Rede sein. Traditionelle

4 Freundlicher Hauseingang eines Gästehauses in der Herrfurthstraße

5 Im „Bierbaum 3" an der Schillerpromenade/Ecke Kienitzer Straße treffen sich die Alteingesessenen.

6 Bewohner des Kiezes schlendern über den 2009 eröffneten „Schillermarkt".

4

5

6

Eckkneipen mit programmatischen Namen wie „Bierbaum 3", „Filou" oder „Bechereck" halten sich wacker neben den neu eröffneten Cafés, in denen Hipster mit Kastenbrille, Vollbart und Stofftasche anstatt Dart und günstiges Bier vom Fass frisch gebackenen Kuchen und Rhabarbersaftschorlen auf Sofas vom Sperrmüll genießen. Neue Galerien und Bars locken Menschen von weit außerhalb

auch für die steigenden Mieten verantwortlich gemacht.

Standen 2008 im Schillerkiez noch rund ein Zehntel der Wohnungen leer, so dürfte dieser Wert heute bei weniger als zwei Prozent liegen. Auch die Mieten sind angestiegen. Handelt es sich dabei nur um einen kurzfristigen Aufwärtstrend, da Investoren Immobilien im Gegensatz zu Wertpapieren als

Die Genezareth-Kirche am Herrfurthplatz hat seit ihrer Einweihung 1905 schon einiges durchmachen müssen.

des Wohnviertels mit Ausstellungen, Konzerten und Lesungen. Auf den Straßen hört man viel Amerikanisch, Italienisch und Spanisch. Genau das macht einigen Leuten Angst: „No more Rollkoffer!" hat jemand an eine Wand geschmiert. Touristen werden nicht nur für Ruhestörung, sondern

sichere Anlageform betrachten und um eine Angleichung an das Berliner Mietniveau? Oder steckt eine gezielte Aufwertungsstrategie dahinter, um weniger Betuchte durch hohe Mieten zu vertreiben, wie in manchen Kreisen gemunkelt wird? Ende der Neunzigerjahre machte sich die Bezirkspolitik noch Gedanken über die soziale Durchmischung des Schillerkiezes, darüber, wie man neben ärmeren

>> Wir verkaufen hier nur Eier. Lieber eins richtig machen als sich zu verzetteln. Die Eier kommen direkt von einem Bauern aus Hamburg. Weil keine Händler dazwischen geschaltet sind, können wir auch mit den Discountern preislich mithalten. Die XL-Eier, die es im Supermarkt kaum gibt, kosten bei uns 18 Cent je Stück. Die Kunden kommen aus dem Kiez und von weiter weg, einige sogar

aus Lichterfelde oder Spandau. Daneben haben wir Großkunden wie Gaststätten und Gartenkolonien, die kaufen ganze Kartons mit 200 Eiern drin. Ich arbeite schon seit rund 20 Jahren hier. Zuerst war ich Kundin und habe mich eines Tages beim Besitzer, einem Bauern, über die Unordnung im Laden beschwert. Damals war der noch auf der anderen Straßenseite, ein paar Häuser weiter Richtung Hermannstraße. Wir wurden uns schnell einig, dass ich den Verkauf übernehmen soll. Seitdem läuft das Geschäft.

Hannelore, bekannt als „Eierlörchen", Verkäuferin im Eierladen „Vierländer Gold-Ei" in der Selchower Straße

auch kaufkräftigere Menschen ins Viertel lockt. Das hatten auch schon die Stadtväter Rixdorfs bei ihrem Bebauungsplan getan. Doch die Nachkommen der Besserverdienenden, die Anfang des 20. Jahrhunderts anders als erhofft nur in überschaubarer Zahl in den Schillerkiez gekommen waren, gehörten in den Neunzigerjahren längst nicht mehr zu den Bewohnern des Viertels.

Natürlich hatte auch die jahrzehntelange Lärmbelästigung des 1923 eröffneten Flughafens Tempelhof einen Anteil an der geringen Attraktivität des Viertels. Wenn die Flugzeuge aus östlicher Richtung landeten, überflogen sie den Kiez nur wenige Meter über den Häuserdächern. Sinnbild der Einschränkungen, die der Luftverkehr erzwang, war die Verstümmelung der Genezareth-Kirche am Herrfurthplatz. Der Turm dieser Kirche, die 1905 mit großem Pomp eingeweiht und zum Zentrum des neugebauten Gebiets geworden war, wurde 1939 von 62 auf 38 Meter verkürzt. 1948, als der im Krieg zerstörte Turm wiederaufgebaut wurde, reduzierte man seine Höhe nochmals auf 21 Meter. Während der Berlin-Blockade vom Juni 1948 bis zum Mai 1949 war der Flughafen wichtiger denn je – die Anwohner mussten sich dem unterordnen.

Für Hausbesitzer waren die Neunzigerjahre keine schöne Zeit, für die Mieter, die hier eine günstige Bleibe fanden, dagegen schon. Einige Studenten konnten es sich sogar leisten, ein leer stehendes Ladengeschäft anzumieten, um dort ihre Fahrräder und Mopeds unterzustellen.

Wie in anderen Berliner Kiezen, die durch eine hohe Arbeitslosigkeit und eine gewisse Verwahrlosung des öffentlichen Raums geprägt waren, führte die Senatsverwaltung für Stadtentwicklung und Umwelt auch im Schillerkiez 1999 ein sogenanntes Quartiersmanagement ein. Es sollte Gewerbetreibende, Mieter und Hauseigentümer dazu motivieren, das Viertel lebendiger und lebenswerter zu gestalten – oder je nach Lesart den Boden für Mietsteigerungen zu bereiten. Inwieweit das Quartiersmanagement für die Belebung des Viertels und damit auch für den knapper gewordenen Wohnraum verantwortlich ist, kann nicht mit Sicherheit bestimmt werden. Auf jeden Fall erhöhte die umstrittene Institution den Umsatz der örtlichen Malerbetriebe. Denn die durften schon mehrfach anrücken, um die Spuren von Farbbeutelattacken auf das Büro an der Schillerpromenade zu beseitigen.

Graefekiez

Die malerische Graefestraße, Namenspatin des Viertels, mit dem „Café Graefchen"

Bourgeois und Citoyens

In der schmucken Altbaugegend zwischen Urbankrankenhaus im Westen, Hasenheide im Süden, Kottbusser Damm im Osten und Landwehrkanal im Norden findet sich noch die beliebte Kreuzberger Mischung: das unmittelbare Nebeneinander von Wohnen, Arbeiten und Vergnügen.

Etwa alle vier Minuten rast ein Rettungswagen mit Tatütata in Richtung Krankenhaus, Gelenkbusse der BVG spucken immer wieder neue Fahrgäste aus. Auf dem Bürgersteig bemühen sich die Fußgänger, sowohl den feilgebotenen Möbeln der Trödler als auch den Radfahrern auszuweichen, die wiederum über allerlei Hindernisse auf dem Radweg fluchen.

Werbeschilder an den Einfahrten der Gewerbehöfe weisen auf verschiedenste Einrichtungen hin, vom Ledergroßhandel über eine Druckerei bis hin zur Theaterbühne. Wenn eine Straße ihren Namen zu Recht trägt, dann ist das die Urbanstraße – ländlich ist anderswo. Allerdings wollten die Stadtväter 1874 mit ihrer Namenswahl wohl kaum den städtisch-urbanen Charakter der Straße festschreiben. Von Copyshops, Karateschulen und Pizzerien samt Kegelbahnen im Keller konnten sie noch nichts ahnen. Ebenso wenig vom Trubel rund um das Karstadt-haus am Hermannplatz. Und als gute preußische Protestanten beabsichtigten sie schon gar nicht, ausgerechnet Papst Urban VIII. zu ehren, der Galileo Galilei der Inquisition preisgab. Nein, man benannte die Straße schlicht nach dem Gebiet, durch das sie führte. Bevor es für Ackerbau und Viehzucht trockengelegt wurde, war es eine Moorlandschaft. Aus der ursprünglichen Bezeichnung „Urlake" entwickelte sich dann „Urban", vermutlich durch einen Schreibfehler. Semi-Analphabetismus in den Amtsstuben kann sich also auch als Fügung erweisen.

Abseits der Urbanstraße, die quer durch den Graefekiez verläuft, nimmt zwar die Lautstärke ab, aber nicht die Lebendigkeit. Vor allem die nördliche Kiezhälfte dürfte, was das Fußgängeraufkommen betrifft, im Vergleich zu anderen Vierteln einen Spitzenplatz belegen. Schon an normalen Werktagen bevölkert die Laufkundschaft der kleinen Geschäfte und Cafés das Trottoir der Graefestraße. Sollte jedoch nach dem langen Berliner Winter der erste sonnige Tag des Jahres zufällig auf einen Sonntag fallen, treibt es sämtliche Kreuzberger unverzüglich an das Ufer des Landwehrkanals. Der Blick auf die unappetitliche Brühe, die unterhalb der begrünten Uferpromenade träge in Richtung Spree fließt – kaum zu glauben, dass das Baden hier erst 1956 verboten wurde –, zieht jedoch nicht nur Ortsansässige an. Straßenmusikanten aus der ganzen Welt halten sich hier auf. Sobald die Abendsonne die Admiralbrücke in ein malerisches Licht taucht, tummeln sich dort junge Leute und machen es sich mit Bier aus dem Discounter und

Pizza aus dem Pappkarton gemütlich. Anwohnerproteste gegen den allnächtlichen Rummel ließen da nicht lange auf sich warten und bewogen die landeseigene Tourismusagentur visitBerlin, vor der sonst keine Attraktion der Hauptstadt sicher ist, zu einem ungewöhnlichen Schritt: Sie wandte sich an die Redaktionen der wichtigsten Reiseführer, vom Lonely Planet bis hin zum Easyjet-Bordmagazin, und bat darum, die Admiralbrücke nicht länger als angesagten Treffpunkt zu bewerben. Zudem setzt die Polizei seit Kurzem auf der Brücke etwas durch, was es im restlichen Berlin überhaupt nicht gibt: eine Sperrstunde. Und zwar schon ab zehn Uhr abends.

Mit ihrem Beharren auf der Nachtruhe bestätigten die Graefekiezler ihren bürgerlichen Ruf, den sie bei ihren Nachbarn auf der anderen Kanalseite schon lange haben. „36 brennt, 61 pennt", spotten die Leute aus dem wilderen Teil Kreuzbergs. Die Postzustellbezirke SO 36 und SW 61 (kurz für Südost 36 und Südwest 61) gibt es zwar schon seit fast hundert Jahren nicht mehr, doch distinktionsbedürftigen Kreuzbergern dient der Landwehrkanal noch immer zur kulturellen Abgrenzung. Auch wenn viele prächtige Fassadenverzierungen verloren gegangen sind, sieht man den Häusern im

Am Planufer strahlen die Häuser durch ihre imposanten Fassaden.

Charmantes Antiquariat in der Graefestraße mit dazugehörigem Bücherturm auf dem Trottoir

Mittelstreifen hat auch der Hohenstaufenplatz seine ursprüngliche Gestalt behalten, von kleinen Veränderungen abgesehen. So ist eine mit einem Reichsadler verzierte prunkvolle Uhr, die auf einer massiven Säule thronte, verschwunden, ebenso wie eine öffentliche Bedürfnisanstalt. Das bronzene Ziegendenkmal, dem der Platz den Spitznamen „Zickenplatz" verdankt, ist schon das zweite an dieser Stelle. Eine 1930 aufgestellte Ziegengruppe fiel der Metallnot während des Zweiten Weltkriegs zum Opfer. Die neue Skulptur, zwei miteinander kämpfende Ziegenböcke, steht seit 1967 auf dem Platz und ist ein Werk der Bildhauerin Brigitte Jonelat-Saebisch. Aber warum Ziegen mitten in Kreuzberg? Sie erinnern an die Zeit, als das Gebiet zwischen Kottbusser Damm und Urbankrankenhaus den Namen „Schlächterwiesen" trug, weil hier das Berliner Schlachtvieh seine letzten Tage verbringen durfte.

Ein weiteres Bonmot, das den Kontrast zwischen dem bürgerlichen Graefekiez und dem proletarisch-alternativen Kreuzberger Teil jenseits des Landwehrkanals beschreibt, stammt aus der zweiten Hälfte des 20. Jahrhunderts. Es lautet: „Der 61er fährt Mercedes, und der 36er bricht ihm den Stern ab". Mythos oder Wirklichkeit? Was das Abbrechen der Sterne angeht, so fehlen wissenschaftlich fundierte Zahlen. Doch sicher ist: Beim Autobesitz hat der traditionell ärmere Norden das Viertel südlich des Kanals mittlerweile überholt. Eine repräsentative Umfrage von 2008 gab Aufschluss darüber, dass

1 Eckhaus am Planufer mit Erkern und gotisch anmutendem Giebel

2 Auf der Admiralbrücke gibt es immer was zu sehen, auch allerlei fantasievolle Gestalten.

3 Vor der Pizzeria „Il Casolare" in der Grimmstraße mahnt ein Schild Autofahrer zur Einhaltung der Schrittgeschwindigkeit.

4 Eindrucksvoller Balkon eines Hauses von 1891

Graefekiez an, dass sie Ende des 19. Jahrhunderts nicht gebaut wurden, um möglichst viele Arbeiterfamilien unterzubringen, wie es in der Gegend zwischen Halleschem und Schlesischem Tor der Fall war. Vielmehr zogen vor allem Pensionäre und Offiziersfamilien in die verhältnismäßig großzügigen Wohnungen. Von der bedeutenden Stellung, die die Militärangehörigen zur Gründerzeit im Kiez hatten, zeugt das Offizierskasino in der Urbanstraße 21, dessen denkmalgeschützte Räumlichkeiten heute ein Nachbarschaftsverein nutzt.

Die Straßenzüge gehen auf die Pläne des Landschaftsarchitekten Peter Joseph Lenné zurück, der auch den Schlosspark Sanssouci in Potsdam entworfen hatte. Neben der Fontanepromenade und der Grimmstraße mit ihren breiten parkartigen

1

2

3

4

» Als ich 1997 nach einem Verkaufsraum suchte, habe ich einfach in die Zeitungen geguckt, um etwas Kleines und Bezahlbares zu finden. Dass es die Graefestraße wurde, war reiner Zufall. Wir haben in unserer Kundschaft alle Altersstufen, von 4 bis 84 Jahren. Zu uns kommen Kinder mit ihrem Taschengeld, Motz-Verkäufer und feine Damen mit Chauffeur. Alle sind vom Lakritz-Virus infiziert, es ist eben ein besonderer Stoff. Besonders schön ist, dass man mit ihnen über diese Leidenschaft schna-

cken kann. Manche Kunden bringen uns auch Lakritz mit, das sie im Urlaub gekauft haben. Am Anfang kamen vor allem Leute aus dem Kiez, später dann aus ganz Berlin, inzwischen auch zunehmend Touristen. Die Erwartungen der Kunden müssen natürlich jedes Mal erfüllt werden. Dann ist es gut, wenn man nicht nur rund 500 Sorten aus den lakritzophilen Regionen von Island bis Sizilien hat, sondern auch eine eigene Sorte. Wir lassen nach unserem Rezept ein weiches Ingwerlakritz herstellen.

Ilse Böge, betreibt Deutschlands erstes Lakritzfachgeschäft, das „Kadó" in der Graefestraße

im Graefekiez 39 Prozent der Haushalte mindestens ein Kraftfahrzeug besitzen, ein Prozent weniger als in SO 36. Damit kommen im Graefekiez 3632 Autos auf 16 143 Einwohner, der Berliner Schnitt liegt mit 320 je tausend Einwohner deutlich höher.

Angesichts der relativ niedrigen Autobesitzquote ist es nicht verwunderlich, dass die Kiezbewohner ihre von Fußgängern und Radfahrern dominierten Straßen vom Durchgangsverkehr fernhalten wollen. Zwar sind die kleinen Straßen zwischen Planufer, Kottbusser Damm, Urbanstraße und Grimmstraße schon seit den Achtzigerjahren als verkehrsberuhigter Bereich ausgewiesen, dennoch erfreuen sie sich als Schleichrouten einer großen Beliebtheit, wobei sich die Autofahrer selten an die Schrittgeschwindigkeit halten. 2004 montierte eine Bürgerinitiative in Eigenregie Fahrbahnschwellen auf der Dieffenbach-

straße, um den Verkehr auszubremsen – fast zehn Jahre später räumte das Bezirksamt die mittlerweile ramponierten Hindernisse aus dem Weg und untersagte, sie zu ersetzen, da sie Rettungswagen auf ihrem Weg ins Urbankrankenhaus behindert hätten. Ein solches bürgerliches Engagement ist typisch für das Viertel. Auch als das Wasserschifffahrtsamt etliche der alten Bäume am Landwehrkanal fällen lassen wollte, um die brüchige Uferböschung zu sanieren, leistete eine Initiative lautstarken Widerstand – und das mit Erfolg. Hier engagiert man sich sprichwörtlich vor der eigenen Haustür. In kaum einem anderen Kiez gibt es so viele von Privatleuten liebevoll gestaltete und gepflegte Baumscheiben, wie das ungepflasterte Erdreich rund um die Straßenbäume genannt wird. Die Bürger im Graefekiez sind eben sowohl Bourgeois als auch Citoyens.

5 Dieses markante Haus am Kottbusser Damm wurde von dem bekannten Architekten Bruno Taut entworfen.

6 Gäste eines chinesischen Restaurants genießen das Flair der Dieffenbachstraße.

7 Blick von der Admiralbrücke in Richtung Urbanhafen

5

6

7

Klausenerkiez

Für die Instandhaltung des grünen Ziegenhofgeländes arbeiten viele Kiezbewohner ehrenamtlich.

Im kleinen Wedding

Während im Schloss Charlottenburg noch Monarchen residierten, entstand nebenan, im Viertel zwischen Richard-Wagner-Straße, Spandauer Damm, Ringbahn sowie Kaiserdamm und Bismarckstraße, ein Arbeiterkiez, der sich bis heute vom bürgerlichen Rest Charlottenburgs unterscheidet.

Der Charlottenburger Schloßstraße kann keine der Prachtstraßen Berlins das Wasser reichen. Zumindest dann nicht, wenn es um die topografischen Voraussetzungen fürs Boulespielen geht. Auf dem 53 Meter breiten Kurfürstendamm parken Autos auf dem Mittelstreifen, und auf dem nochmal sieben Meter breiteren Konkurrenten Unter den

Linden verhindert der U-Bahnbau auf Jahre jegliche Freizeitgestaltung im Freien. Bei der größtenteils 70 Meter breiten Schloßstraße ist die Bezeichnung Mittelstreifen hingegen eine Untertreibung. Der von Rasen und Baumreihen gesäumte breite Gehweg lockt Boulespieler aus der ganzen Stadt an. Gelegenheitskugelstoßer treffen hier auf hart gesottene Spieler, die sich auch nicht von einer Schneedecke über dem Kies von ihrem Sport abhalten lassen. Einige der benachbarten Lokale verleihen praktischerweise Boulekugeln. Sie hatten ausreichend Zeit, sich auf dieses Geschäftsfeld einzustellen, schließlich lässt sich die Bouletradition bis in die Sechzigerjahre zurückverfolgen. Damals hatte sich der Grünstreifen des Boulevards bereits wieder von seiner Funktion als Kartoffelacker erholt, die er in der Nachkriegszeit übernehmen musste. Auf seinen 600 Metern wird er nur von zwei mäßig befahrenen Querstraßen unterbrochen, und auch der Verkehrslärm auf der Schloßstraße selbst hält sich in Grenzen.

Das Beste ist die Sicht auf die Kuppel des Charlottenburger Schlosses, die man von der Mittelpromenade aus hat. Die Schloßstraße ist nicht als Verkehrs-, sondern als Sichtachse entstanden. Wenn sich der preußische Hofstaat auf den Weg in das Berliner Stadtschloss machte, wählte er vielmehr den Weg über die Berliner Straße, die heutige Otto-Suhr-Allee. Die Entfernung zum ehemaligen Stadtschloss markiert heute noch ein sechs Meter hoher Meilenstein mit goldener Kuppel auf dem Spandauer Damm – kurz bevor dieser in die Otto-Suhr-Allee übergeht –, der die Inschrift „1 Meile von Berlin" trägt, was siebeneinhalb Kilometern entspricht. Die rein aus optischen Erwägungen angelegte Schloßstraße, die bis Ende des 18. Jahrhunderts Große Allee hieß, endete an den königlichen Fischteichen, dort, wo sie heute die Knobelsdorffstraße kreuzt.

Zu den ersten Anwohnern der Schloßstraße gehörten die beiden „Kammertürken" Friedrich Aly und Friedrich Wilhelm Hassan. Beide waren vermutlich 1686 bei der Schlacht um Budapest, bei der die Habsburger und Preußen das osmanische Heer vernichtend geschlagen hatten, in Gefangenschaft geraten. Ende des 17. Jahrhundert galt es an europäischen Höfen als schick, sich von orientalischen Lakaien bedienen zu lassen. Daher wurden die wohl ersten in der Region lebenden Türken Diener im Hofstaat von Königin Sophie Charlotte, der Gattin des ersten Preußenkönigs Friedrich I., der Schloss und Stadt – somit auch der heutige Ortsteil – den Namen verdanken. Zumindest Alys Nachfahren leben bis heute in Berlin.

Hassans Haus mit der Nummer 6 wurde 1704 nach Plänen des Hofarchitekten Johann Friedrich Eosander von Göthe errichtet und zum verbindlichen Vorbild für den Wohnungsbau in der gerade entstehenden Stadt erklärt. Alys Haus wurde im selben Jahr auf dem Grundstück Schloßstraße 4 gebaut. Stünden die beiden Wohnhäuser heute noch – das eine musste 1883 einem Neubau Platz machen, das andere wurde im Zweiten Weltkrieg zerstört –, wären sie die ältesten Charlottenburgs.

Bunt bepflanzte Balkone in der Seelingstraße

Das Prinz-Albrecht-von-Preußen-Denkmal stört ein wenig die Sicht auf das Schloss Charlottenburg.

1 Grünanlage am Klausenerplatz, nach dem der Kiez benannt ist

2 Gäste des „Brotgartens" in der Seelingstraße

3 Grünes Wohnidyll in der Christstraße

4 Relikte aus einer anderen Zeit: Gaslaterne und Straßenschild mit altertümlicher Schrift in der Christstraße

5 Gemütliches Örtchen zum Picknicken am Klausenerplatz

So geht diese Ehre aber an das einstöckige Gebäude in der Schustehrusstraße 13. Der Bau dieses Hauses geht auf eine königliche Order zurück: Weil Charlottenburg nicht so schnell wuchs, wie man sich das am Hofe vorstellte, wurden alle am Schlossbau beteiligten Handwerker, die zur Miete wohnten, dazu verpflichtet, sich ein eigenes Domizil in der 1705 zur Stadt erhobenen Siedlung zu errichten. Dies galt auch für den Goldschmied Gottfried Berger, der sein 1712 erbautes Haus allerdings kaum bewohnte, weil er schon drei Jahre später das seines Freundes Aly in der Schloßstraße erwarb. Dass das kleine Gebäude in der Schustehrusstraße 13 heute noch steht, ist aufmerksamen Bürgern zu verdanken, die an Heiligabend 1983 die

Polizei verständigten: Der damalige Besitzer wollte die Gunst der Stunde nutzen, als er die Anwohner durch den weihnachtlichen Trubel abgelenkt wähnte, um das denkmalgeschützte Bauwerk, in dem sich seit 2004 das Berliner Keramikmuseum befindet, abreißen zu lassen.

Spätestens ab Anfang des 20. Jahrhunderts markierte die Schloßstraße eine soziale Grenze. Westlich, im Herzen des Klausenerkiezes, waren inzwischen ärmliche Mietskasernen entstanden. Auf der östlichen Seite ging es etwas vornehmer zu. Bestes Beispiel dafür ist die Villa Oppenheim in der Schloßstraße 55. Das stattliche Haus, in dem heute das Museum Charlottenburg-Wilmersdorf Heimatgeschichte vermittelt, ist nur ein kleiner

1

2

3

4

5

Teil des ursprünglichen Anwesens, genauer gesagt handelt es sich um den damaligen Südflügel und das Hauptquergebäude der 1881/82 erbauten Villa. Der Rest, darunter Stallungen, eine hölzerne Kegelbahn, zwei Treibhäuser sowie ein Gartensaal, wurde abgerissen, nachdem die Stadt Charlottenburg das Grundstück 1911 zu einem günstigen Preis erworben hatte. Warum die Familie Oppenheim verkaufte, ist unklar. Möglicherweise mochten sie ihren Garten nicht mehr unbeschwert nutzen, weil er von den mittlerweile entstandenen höheren Nachbarhäusern aus einsehbar geworden war. Die Motive der Stadt waren hingegen klar. Sie brauchte dringend Grünflächen für die Unterschicht und ließ den Garten der Villa von Erwin Barth zu einer öffentlichen Anlage umgestalten. Damit wollte man vermeiden, dass Bewohner von Arme-Leute-Vierteln wie etwa dem Kiez um den Klausenerplatz auf die Idee kamen, den nahen Schlosspark als Erholungsort zu beanspruchen. Der nach dem damaligen Charlottenburger Oberbürgermeister Kurt Schustehrus benannte Park bekam zur besseren Erschließung eine kleine von der Schloßstraße ausgehende Stichstraße mit der damals noch wohlklingenden Bezeichnung Am Parkplatz. Seit 1989 heißt der Weg nach Otto Grüneberg, einem 1931 bei gewaltsamen Auseinandersetzungen von einem SA-Mann ermordeten Antifaschisten. Der Tatort befand sich auf der gegenüberliegenden Seite der Schloßstraße, Hausnummer 22, wo heute die Boulespieler in den Biergarten der „Kastanie" einkehren.

Im frühen 20. Jahrhundert war die Gegend vom Klausenerplatz bis zur Deutschen Oper in der Bismarckstraße als „kleiner Wedding" bekannt – ein Arbeiterviertel. Heinrich Zille, der 1892 in die Sophie-Charlotten-Straße 88 gezogen war, musste nicht weit laufen, um die Personen und Situationen vorzufinden, die er als Milieuzeichner mit Vorliebe porträtierte. Die Sozialstruktur des Viertels äußerte sich auch politisch: So galt der Kiez zum Ende der Weimarer Republik als Hochburg der KPD, deren Anhänger sich zu Beginn von Hitlers Machtantritt

blutige Kämpfe mit marodierenden SA-Horden lieferten. 56 Kommunisten wurden in Schauprozessen zu mehrjährigen Zuchthausstrafen verurteilt, da ihnen die Beteiligung am Mord von SA-Sturmführer Hans Maikowski vorgeworfen wurde, obwohl der Gestapo die Information vorlag, dass die tödlichen Schüsse von SA-Männern abgefeuert worden waren. Maikowski war 1933 nach dem Fackelumzug zur Feier der „Machtergreifung" in der Straße erschossen worden, die heute den Namen Heinrich Zilles trägt, damals noch Wallstraße und in der Zeit von 1933 bis 1947 Maikowskistraße. Im Horstweg 28 wohnte Kläre Bloch, die zwischen 1938 und 1960 eine der ersten Taxifahrerinnen Berlins war. In der Zeit des Nationalsozialismus versteckte sie mehrere Menschen in ihrer Wohnung, darunter auch den jüdischen Kommunisten Erich Bloch, ihren späteren Ehemann. An der Kreuzung Knobelsdorffstraße/Wundtstraße trägt eine kleine Freifläche, die entfernt an einen Platz erinnert, ihren Namen. Der Klausenerplatz selbst heißt nach dem Zentrums-

Prächtiges Eckhaus in der Danckelmannstraße/Seelingstraße

politiker Erich Klausener, der 1934 in Zusammenhang mit dem „Röhm-Putsch" – die nationalsozialistische Führung nahm vermeintliche Putsch-Pläne der SA als Rechtfertigung für ihr generell gewaltsames Vorgehen gegen Oppositionelle – ermordet wurde.

Ende der Siebziger-/Anfang der Achtzigerjahre sorgten Pläne für eine Kahlschlagsanierung im Kiez, bei der die Vorderhäuser erhalten, die Höfe jedoch entkernt werden sollten, für großen Unmut in der Bevölkerung. Mittlerweile hatte sich auch ein studentisches Milieu in diese Ecke Charlottenburgs verirrt, drei für den Abriss vorgesehene Wohnhäuser in der Knobelsdorffstraße und Danckelmannstraße wurden dauerhaft besetzt. Dem Zusammenschluss der damaligen Mieter ist es zu verdanken, dass die Blockrandbebauung aus der Gründerzeit im Wesentlichen erhalten geblieben ist. Wobei sich manche der Aktivisten von früher inzwischen vielleicht fragen, ob es richtig war, die „Blockentkernung" grundsätzlich zu verhindern, also jedweden Abriss der Hinterhäuser in den engen, dicht bebauten Höfen. Denn im Block 128 zwischen Seeling-, Knobelsdorff-, Danckelmann- und Sophie-Charlotten-Straße führte eine solche Entkernung dazu, dass sich die Anwohner nach erfolgreichem Protest gegen die geplante Errichtung zweier Neubauriegel im Blockinneren einer fast 6000 Quadratmeter großen Fläche bemächtigten, um sie zu begrünen. 1982 gründeten sie den Verein „Blockinitiative 128 – Ziegenhof e.V." und begannen, dort Enten und Hühner zu halten. 1985

kamen die Tiere hinzu, die dem Areal den Namen „Ziegenhof" gaben. Seit 2008 leben nur noch Ziegen auf dem Gelände, das heute eine öffentliche Parkanlage und Spielfläche ist.

Ein anderes alternatives Projekt hatte weniger Glück: Das legendäre Fabrikgebäude „K19" am Klausenerplatz, das Künstler 1976 in eine Theaterwerkstatt und ein Atelierhaus umgewandelt und vor dem Abriss gerettet hatten, verscherbelte sein Besitzer, die landeseigene Wohnungsbaugesellschaft Gewobag, 2009 an einen Investor, der das Haus wenige Monate später wiederum weiterverkaufte – für ein Vielfaches. Als letzter Mieter hielt sich bis in den Herbst 2013 das Hinterhoftheater „Freie Theateranstalten", das das „K19" 1978 bezogen hatte. Es war durch den 14-teiligen Zyklus „Ich bin's nicht, Adolf Hitler ist es gewesen" bekannt geworden, der hier seit 1984 fast täglich aufgeführt wurde. Mittlerweile sind in dem Gebäude bereits Eigentumswohnungen entstanden.

Genau das, wie viele der Kiezbewohner befürchten, könnte nun zum Trend werden. Aus Sorge vor zu viel „Aufwertung" trauen sich manche Bewohner schon gar nicht mehr auf die kleinen Besonderheiten im Viertel rund um den Klausenerplatz hinzuweisen – es könnten ja noch mehr Menschen auf dieses Kleinod aufmerksam werden und die Mieten in die Höhe treiben. Dabei gibt es doch Bemerkenswertes, etwa einen der wenigen noch erhaltenen fünfarmigen Charlottenburger Platzkandelaber im wilhelminischen Stil, der – gewissermaßen als Gegenstück zu dem im Norden der begrünten Mittelpromenade gelegenen Prinz-Albrecht-Denkmal – am südlichen Ende auf der Schloßstraße/Ecke Knobelsdorffstraße steht. Oder die insgesamt noch neun historischen Wasserpumpen, bei denen der Wasserstrahl aus Löwen-, Drachen- und Fischköpfen herausschießt. Dabei ist die Exklusivität der Schwengelpumpen schon länger anerkannt: Bereits 1983 brachte die Deutsche Bundespost Berlin eine 50-Pfennig-Briefmarke heraus, die die Pumpe am Klausenerplatz zeigte. 2012 entschied das Landesdenkmalamt, die Gaslaternen

Kieztreiben in der belebten Seelingstraße

» Angefangen haben wir hier 1978, da waren wir die Ersten in Berlin, die eine Biobäckerei als Kollektiv betrieben haben. Die Gründung lief natürlich völlig ohne Banken. Sobald wir gemerkt haben, das läuft irgendwie, haben wir uns die nächste Maschine gekauft. Wir haben mit fünf, sechs Brotsorten angefangen, zwei oder drei Sorten Brötchen und einem Kuchen.

Und natürlich Müsli, das war schon ein Produkt der ersten Stunde. Mit solchen Sachen kann man heute keinen mehr hinterm Ofen hervorlocken. In der Anfangszeit war viel Idealismus dabei. Manchmal hing ein Schild am Laden: „Ab 15 Uhr geschlossen, wir sind auf einer Demo." Das war dann wichtiger. Wir beziehen das Getreide direkt vom Bauern und mahlen selbst, was sonst ja kaum noch einer macht. Mahlen kostet Zeit und auch Geld, aber wir finden, dass es im Aroma einen deutlichen Unterschied macht, wenn das Mehl täglich frisch gemahlen wird.

Reinhard Greten, einer von fünf Gesellschaftern der Vollkornbäckerei „Brotgarten" in der Seelingstraße

im Klausenerkiez von der umstrittenen stadtweiten Umstellung der Gaslaternen auf Strombetrieb auszunehmen.

Droht der Gegend um den Klausenerplatz die „Veredelkiezung"? Darüber ist man sich noch uneinig. Während manche auf den nach wie vor nicht unerheblichen Leerstand von Gewerbeflächen hinweisen, sehen andere Anzeichen für einen Wandel, der zu ihrer Verdrängung führen könnte, etwa den neuen Biosupermarkt. Dieser zog 2013 in eine ehemalige Reithalle in der Neufertstraße. Im Inneren wurde der Originalzustand weitgehend wiederhergestellt, indem die Zwischendecke abgenommen und die Sicht auf den neun Meter hohen Dachfirst freigelegt wurde. In der Halle übten preußische Soldaten von 1896 bis zum Ende des Ersten Weltkriegs das Reiten, anschließend nutzte die katholische Gemeinde St. Kamillus den Bau als provisori-

sche Kirche, und von 1932 bis 1968 war die „Filmbühne Mali" hier zu Hause. Nachfolger des Kinos und damit Vormieter des Biosupermarkts war eine für Mitarbeitermobbing in die Schlagzeilen geratene Discounterkette – es ist schon merkwürdig, dass ausgerechnet ihr Abschied aus dem Kiez als soziale Katastrophe bejammert wird.

Wohin der Kiez auch immer steuern mag, der engagierte Teil seiner Bewohner hat Unterstützung aus der hohen Politik bekommen. Als Sigmar Gabriel während des Bundestagswahlkampfes 2013 durch die Seelingstraße spazierte, amüsierte er sich köstlich über den Zustand der in die Jahre gekommenen Sitzbank vor dem Büro des „Kiezbündnisses Klausenerplatz". Dabei beließ er es aber nicht, sondern spendierte dem Verein, zu dem sich 1999 Anwohner und Gewerbetreibende zusammengeschlossen hatten, ein neues Möbelstück.

6 Um 1720 errichtetes Ackerbürgerhaus in der Wilmersdorfer Straße

7 Das Lokal „Glaube Liebe Hoffnung" in der Neufertstraße, wo auch Kunst ausgestellt wird

8 Streichelzoo inmitten des Kiezes: Kinder füttern Ziegen im Ziegenhof.

9 Abendstimmung am Schloss Charlottenburg

6

7

8

9

Ludwigkirchkiez

Der Ludwigkirchplatz mit Springbrunnen ist ein beliebtes Ausflugsziel für Kiezbewohner, Berliner und Touristen.

Erfrischend unpreußisch

Vieles im noblen Wohnviertel zwischen Kurfürstendamm und Hohenzollerndamm, Bundesallee und Brandenburgischer Straße dreht sich um das Hier und Jetzt, um das gesellige Beisammensein.

Der Fehrbelliner Platz gehört nicht zu den Orten, an denen man mit einer subtilen Untergrabung der staatlichen Autorität rechnen würde. Die aus der Zeit des Nationalsozialismus stammenden Gebäude auf der südlichen Platzseite wurden zwischen 1935 und 1943 als Sitz der Reichs-Getreidestelle, der „Deutschen Arbeitsfront", der Rudolf Karstadt AG und der Nordstern-Lebensversicherungsbank errichtet. Die überdimensionalen Baudenkmäler, die schon durch ihre Formsprache klar machen, dass sie keinen Widerspruch dulden – nur der knallrote U-Bahneingang im Pop-Art-Stil aus den frühen Siebzigerjahren vermittelt eine gewisse Leichtigkeit –, dienen heute unter anderem der Senatsverwaltung für Stadtentwicklung und dem Bezirksamt Charlottenburg-Wilmersdorf. So befindet sich in dem für die „Deutsche Arbeitsfront" erbauten Haus das Rathaus Wilmersdorf.

Nur wenige Schritte von dem einschüchternden Behördenkomplex entfernt wird die Obrigkeit in Gestalt der Mitarbeiter des Ordnungsamts hingegen regelmäßig zur Weißglut getrieben. Denn zur warmen Jahreszeit, vor allem am Wochenende, treffen sich oft mehrere Hundert Menschen im Preußenpark, dem Mekka der asiatischen Community, zum gemeinsamen Essen und Plaudern auf der Wiese. Das ist zwar nicht verboten, doch viele der Parkbesucher, darunter Thai-Frauen und ihre deutschen Ehemänner, aber auch einige Vietnamesen, Chinesen und Philippinos, geben anderen etwas von ihrem Papayasalat, dem frittierten Hähnchen, den Teigtaschen Wan Tan oder der Fischsuppe ab – und zwar gegen Geld. Zwischen zwei und fünf Euro kosten die kleinen unter freiem Himmel zubereiteten Mittagsgerichte an den improvisierten Verkaufsständen. Und glaubt man den Experten, so schmecken sie wesentlich besser und sind authentischer als alles, was in den vielen Thai-Restaurants der Hauptstadt angeboten wird. Die Behörden halten dieses kleine Stück Bangkok mitten in Berlin allerdings für unhygienisch und illegal, insbesondere dann, wenn das Ganze kommerziell betrieben wird. Gewerbe- oder Umsatzsteuer zahlt hier niemand. Sobald die Uniformierten vom Ordnungsamt auftauchen, packen die Imbissverkäufer ihre Waren schnell ein, sodass es wieder bloß nach einem privaten Picknick aussieht, das es meist tatsächlich auch ist.

Schon 2006 griff das Bezirksamt zu einer List und erließ eine Parkordnung, die neben dem Kochen im Park und dem Verkauf von Waren auch das Aufstellen von Klapp- und Liegestühlen untersagte. Nachdem etliche Sitzmöbel beschlagnahmt worden waren und selbst gebrechliche Senioren auf dem Boden hatten sitzen müssen, wird nun auch das Mobiliar versteckt, wenn die Aufsicht kommt. Dem bunten Treiben im Preußenpark konnte dies aber kein Ende setzen. Zudem sammeln die Thais am Ende eines jeden Sonntagspicknicks den Müll mit einer Sorgfalt und einer – passend zum Ort des Geschehens – geradezu preußischen Strenge ein, sodass das Ordnungsamt auch hieran nichts auszusetzen haben sollte.

Lokal mit gemütlicher Außenbeleuchtung in der Pfalzburger Straße/Ecke Ludwigkirchplatz

Warum ausgerechnet diese kleine Wilmersdorfer Grünfläche zum Treffpunkt der asiatischen Community wurde, kann sich inzwischen keiner der Beteiligten mehr erklären. Doch sie haben sich eine passende Umgebung ausgesucht, denn im Kiez rund um den Ludwigkirchplatz spielen Essen, Trinken und das gesellige Miteinander eine sehr große Rolle. Allein die Restaurantauswahl kann sich sehen lassen: armenisch, indonesisch, österreichisch, russisch, spanisch und natürlich italienisch – vom Pizzalieferdienst bis zum Lokal mit Sieben-Gänge-Menü samt kariertem Tischdeckchen und sorgfältig gebügelten Stoffservietten. Gern darf es auch etwas exklusiver sein. Im „Eulenspiegel" in der Uhlandstraße ist das wortwörtlich zu verstehen, denn ohne Anmeldung kommt niemand an der Kordel vorbei, die die Eingangstür versperrt. Seit 1984 führen Erika und Peter Han-

auch Prominente wie Jodie Foster oder Sean Connery schon zu schätzen wussten. Während dieses Privatrestaurant eine bodenständige Wohnzimmeratmosphäre imitiert, hat sich ein Laden in der Düsseldorfer Straße für die entgegengesetzte Richtung entschieden: „Essen wie im Restaurant" ist das Versprechen, mit dem der Delikatessen-Discounter „nah und gut" um Kunden wirbt. Um dieses einzuhalten, bietet er vor allem seltene Fleischspezialitäten an: Kobe-Rind, Känguru- und Krokodilfleisch oder gut abgehangenes Schimmelfleisch, wie es in Spanien und in der Schweiz serviert wird.

Und nach dem Essen? Auch dafür gibt es rund um den Ludwigkirchplatz mehr als eine Lösung. Zum Beispiel die Zigarren von Maximilian Herzog. Der promovierte Psychologe war es leid, in Berlin nicht die kubanischen Zigarren kaufen zu können, die er selbst so gerne raucht. Daher wurde er notgedrungen zum Importeur und eröffnete 1996 sein eigenes Geschäft. In der Gemeinschaft der Habano-Liebhaber stieg er mittlerweile vom Zigarren-Herzog – so auch der Name seines Ladens – zum Zigarren-König auf.

Doch wohin anschließend zum gepflegten Trinken, mit oder ohne Rauchutensilien? Bis Mitte des vorigen Jahrzehnts gab es für die Insider im Kiez hierauf nur eine

Ein typischer Sommerabend am Ludwigkirchplatz

sen dieses kleine, aber feine Privatrestaurant, dessen heimeliger Gastraum ein bisschen an Großmutters Wohnzimmer erinnert. Wie auch in den eigenen vier Wänden wird man keinem Fremden begegnen, denn hier ist jeden Abend geschlossene Gesellschaft, was

Antwort: natürlich in die „Galerie Bremer". 1946 gründete die Galeristin Anja Bremer ihr zur Institution gewordenes Unternehmen, mit dem sie 1955 in die Fasanenstraße 37 zog, in einen heute unscheinbaren braunen schmucklosen Altbau, dessen Stuck nicht mehr zu sehen ist. Weil die Galerie einen

Schmuckvolle Fassade eines Hauses am Fasanenplatz

dunklen Nebenraum hatte, der sich für Ausstellungen nicht sonderlich eignete, richtete sie dort eine Bar ein, die der Architekt der Philharmonie und der Staatsbibliothek, Hans Scharoun, im Stil der Fünfzigerjahre entworfen hatte. Wichtiger als die Holzvertäfelung wurde allerdings das lebendige Inventar: Von 1955 bis 2005 schüttelte und rührte der aus dem südamerikanischen Surinam stammende Barkeeper Rudolf van der Lak, der Lebensgefährte Bremers, die Drinks für Harry Belafonte, Billy Wilder, Romy Schneider, Walter Scheel, Willy Brandt, Joseph Beuys, Martin Kippenberger, Hildegard Knef, Jil Sander, Alfred Biolek, Alice Schwarzer und Klaus Kinski – Letzterer musste das eine oder andere Mal vor die Tür gesetzt werden, wenn er sich unter Alkoholeinfluss daneben benommen hatte. 2005 ging van der Lak nach 50 Jahren hinter der Theke als Berlins dienstältester Barkeeper in Ruhestand, ein Jahr später starb er im Alter von 85 Jahren, gut 20 Jahre nach dem Tod Anja Bremers. Sein Nachfolger, der Galerist Rolf Rohlow, demontierte das Scharounsche Interieur und zog damit in die Wielandstraße, wo er die Bar allerdings nicht mehr aufbaute. 2010 mietete Udo Walz den geschichtsträchtigen Ort in der Fasanenstraße, strich die Wände weiß und hängte Poster auf, die ihn selbst zeigten. Seine Lounge kam aber nur mäßig an, wobei der ständige Vergleich mit der „Galerie Bremer"

1 Mit Blumen bepflanzte Grünanlage des Ludwigkirchplatzes

2 Golden verzierte Eingangspforte in der Pariser Straße

3 Eckhaus mit eindrucksvoller Gründerzeitfassade an der Uhlandstraße

1

2

3

Das elegante italienische Lokal „Mizzio's by Petrocelli" in der Uhlandstraße

unfair war, schließlich war es ja nicht der Promifriseur, der die stark vermisste Fünfzigerjahre-Einrichtung entfernt hatte. 2012 gab Walz auf, nun versucht sich wieder eine mit einer Galerie kombinierte Bar, die am großen Vorbild orientiert erst in den Morgenstunden schließt.

Die Restaurants, Weinhändler und Boutiquen, dazu die nicht unerhebliche Zahl hochwertiger Automobile an den Straßenrändern, deuten an, wie gediegen es rund um den Ludwigkirchplatz zugeht. Und das nicht erst seit gestern. Einer, der den Kiez auch schon in den frühen Dreißigerjahren zu schätzen wusste, war Heinrich Mann. 1932 zog der Autor in das mit reichhaltigem Fassadenschmuck versehene Haus in der Fasanenstraße 61 ein, bevor er im Februar 1933, wenige Tage vor dem Reichstagsbrand, heimlich und mit kaum Gepäck nach Frankreich flüchtete, da er als entschiedener Gegner des Nationalsozialismus stündlich mit seiner Verhaftung rechnen musste.

Bevor Mann in das Haus am Fasanenplatz gezogen war, lebte er in der Trautenaustraße nahe des Nikolsburger Platzes und in der Schaperstraße am Nürnberger Platz. Damit wohnte er hintereinander an drei von vier Eckpunkten der sogenannten Carstenn-Figur. Dieses symmetrische Straßenmuster geht auf den Grundstücksentwickler Johann Wilhelm von Carstenn zurück, der 1870 das Gelände des ehemaligen Wilmersdorfer Ritterguts gekauft hatte. Carstenn, der auch die Besiedelung von Lichterfelde und Friedenau vorantrieb, plante hier eine Landhaussiedlung. Eckpunkte der Siedlung bildeten vier Schmuckplätze – der Fasanenplatz im Nordwesten, der Nürnberger Platz im Nordosten, der Nikolsburger Platz im Südwesten und der Prager Platz im Südosten –, die durch einen Ring von Straßen miteinander verbunden wurden, wobei die markant bogenförmig geschwungene Schaperstraße die nördliche Begrenzung darstellt. Als zentrale Nord-Süd-Achse der geometrischen Figur ließ der Bauunternehmer die Kaiserstraße (später Kaiserallee, heute Bundesallee) anlegen, auf die im Bereich des heutigen U-Bahnhofs Spichernstraße sechs Straßen sternförmig zuliefen. Im Zuge des Gründerkrachs von 1873 ging Carstenns Unternehmen jedoch bankrott. Er erlebte nicht mehr, welche Prachtbauten an den von ihm projektierten Straßenzügen entstanden, da er 1896 verbittert und vereinsamt in einer Schöneberger Nervenheilanstalt starb.

Dass es sich bei der Carstenn-Figur um ein geometrisch durchdachtes Gebilde handelt, sieht man heute nur noch auf dem Stadtplan. Die Kaiserallee, 1950 in Bundesallee umbenannt, fungiert seit ihrem autogerechten Wiederaufbau nach dem Zweiten Weltkrieg ehcr als Barriere denn als Bindeglied zwischen der Ost- und Westhälfte der Figur. Besonders deutlich wird dies an der Stelle, wo einstmals die Pariser Straße auf die Allee stieß. Hier verstellt ein mehrgeschossiger Büro- und Gewerbebau mit dem Charme einer Autobahnraststelle die frühere Einmündung.

4 Fassadenschmuck in der Pariser Straße

5 Das Eiscafé „Sweet 2 go" an der Ecke Ludwigkirchstraße/Pfalzburger Straße

6 Das „Route 66" in der Pariser Straße

4

5

6

» Wir sind zurzeit fünf Franziskaner in St. Ludwig. Ob wir in einem Kloster leben? Da denkt doch jeder eher an ein bestimmtes Gebäude. Wir leben in einem Reihenhaus in der fünften und sechsten Etage. Franziskaner sind auch keine Mönche. Wir haben keinen Grundbesitz. Bei uns Franziskanerbrüdern gilt das Armutsgelübde nicht nur für den Einzelnen, sondern auch für die Gemeinschaft. Das Besondere an der Gemeinde St. Ludwig, in der ich als Seelsorger arbeite, ist, dass wir gewissermaßen

eine „Fahr"-Gemeinde sind: Vor allem zu den Gottesdiensten am Wochenende fahren viele Besucher zu uns. Vermutlich hat das damit zu tun, dass wir sehr viel Wert auf eine sorgfältig gestaltete Liturgie legen, also auf ordentlich ausgearbeitete Predigten und gute Kirchenmusik. Die Großstadt Berlin bietet einen Markt der Weltanschauungen. Die Menschen hier sind mobil, schauen einfach mal vorbei und probieren. Und wir versuchen, unseren Besuchern Gutes zu tun mit dem, was wir anbieten.

Pater Damian Bieger OFM, Franziskaner aus dem Konvent St. Ludwig

Folglich orientierte man sich in Richtung Westen zum Ludwigkirchplatz, der in der Nachkriegszeit zum unumstrittenen Zentrum des Kiezes avancierte – und es heute noch ist. Wenn das Auguste Viktoria gewusst hätte! Die fromme Gattin von Kaiser Wilhelm II., „Kirchenjuste" genannt, hatte sich, beeinflusst vom sogenannten Kulturkampf, der zu Beginn des Kaiserreichs zwischen Staat und Katholischer Kirche entbrannt war, als Gründerin des Evangelischen Kirchenbauvereins dafür eingesetzt, dass katholische Kirchen nur als Teil eines Häuserblocks errichtet werden durften. Damit waren sie gegenüber der evangelischen „Staatskirche" gewissermaßen nur gewöhnliche Reihenhäuser und Kultstätten zweiter Klasse. Die 1897 fertiggestellte Kirche St. Ludwig war das erste katholische Gotteshaus im protestantischen Berlin, das diesem Gebot zum Trotz freistehend

auf einem Platz errichtet wurde. Mit dem Namen ehrte man den 1891 verstorbenen Reichstagsabgeordneten Ludwig Windthorst, den als Gründervater der Zentrumspartei wohl wichtigsten Gegenspieler von Reichskanzler Bismarck und außerdem Initiator des Kirchenbaus. Doch die Kirche hat eigentlich offiziell einen anderen Namenspatron: den heiliggesprochenen französischen König Ludwig IX (1214–1270). Und auch er hat einen Bezug zum Kiez. Beim ersten seiner zwei Kreuzzüge soll er der Legende nach seinen königlichen Wappenschild mit drei darauf abgebildeten Lilien einem Ritter „derer von Willmerstorff" geschenkt haben – zum Dank dafür, dass dieser ihm in einer Schlacht in Ägypten das Leben gerettet hatte. So sollen die Lilien, die auch überall in der Kirche St. Ludwig zu finden sind, auf das Wappen Wilmersdorfs gekommen sein.

7 Schaufenster der Frauenboutique „Plan 4" in der Ludwigkirchstraße

8 Alter Feuermelder auf dem Fasanenplatz

9 Rundbogiger herrschaftlicher Hauseingang in der Pariser Straße

7

8

9

Rixdorf

Vom U-Bahneingang Karl-Marx-Straße aus ist es nur ein Katzensprung in das ländliche Idyll von Rixdorf.

Dorfidyll und Sündenpfuhl

Das historische Zentrum von Rixdorf, dem späteren Neukölln, fasziniert durch Gegensätze auf engstem Raum. Zwischen dem alten dörflichen Kern und der belebten Karl-Marx-Straße liegen nur ein paar Meter – und eine ganze Welt.

Der „Blutwurstritter" markiert die Grenze. Wer von der Karl-Marx-Straße kommend in Richtung Richardplatz den Karl-Marx-Platz abschreitet, lässt ab der Fleischerei, deren Inhaber Marcus Benser schon mehrfach den bedeutendsten Blutwurstwettbewerb gewonnen hat, die Ramschmeile hinter sich.

Hier geht es gemütlicher zu. Dazu trägt allein schon das Tempolimit von zehn Stundenkilometern bei, das den Verkehr dort entschleunigt, wo der Karl-Marx-Platz in den Richardplatz übergeht. Die ansonsten in Neukölln dominierende Blockrandbebauung setzt aus, ein- oder zweigeschossige villenartige Häuser stehen neben einzelnen Gründerzeitbauten mit der üblichen Traufhöhe. Die Straße weitet sich schließlich zu einem historischen Dorfanger, einem lang gestreckten Platz mit reichem Baumbestand und Kopfsteinpflaster: dem Richardplatz.

Auf dem östlichen Teil des Platzes befindet sich in einem Gehöft die älteste noch aktive Schmiede Berlins. Seit 1797 wurden hier die landwirtschaftlichen Arbeitsgeräte der Dorfbewohner geformt. Heute kommen allerdings nicht mehr Hufeisen und Pflüge, sondern Messer und Kunsthandwerk auf den Amboss. Gegenüber, auf der südlichen Seite des Platzes, betreibt die Familie Schöne seit fünf Generationen ein Fuhrunternehmen. Mittlerweile hat sie die Automobilsparte aufgegeben und sich auf Kutschfahrten spezialisiert. Es lohnt sich, in den meist offenstehenden Hof hineinzugehen, um mit etwas Glück einen Blick auf die historischen Gefährte zu erhaschen.

Zum Jahresende dient das dörfliche Ambiente regelmäßig als Kulisse für einen Weihnachtsmarkt der besonderen Sorte. Rund 100 gemeinnützige Vereine und Initiativen bauen hier ihre Stände auf. Die wenigen Händler, die eine Konzession für den Markt bekommen, müssen einen guten Teil ihrer Einnahmen für karitative Zwecke spenden. Erst nach Anbruch der Dunkelheit fällt auf, was auf dem Weihnachtsmarkt fehlt: Elektrizität. Musik kommt von Instrumenten, Licht aus Petroleumlampen.

Auf dem kleineren Teil des Platzes, westlich der Richardstraße, die den Richardplatz in zwei Hälften teilt, steht eine Jugendstil-Trinkhalle aus dem Jahr 1910, rund wie eine Litfaßsäule. Entworfen wurde sie von Reinhold Kiehl, der als erster Baustadtrat Neuköllns auch das Rathaus und das prächtige Stadtbad in der Ganghofer Straße gestaltete. Architekturstudenten kommen her, um sie zu fotografieren,

Handwerker, um Pommes zu essen. Und das ist nicht der einzige Ort am Richardplatz, wo deftiges Essen angeboten wird: Der Österreicher Alois Offner betreibt hier das „Louis", das längst zu einer Institution geworden ist, denn Offner serviert das mit einem Durchmesser von 46 Zentimetern größte Schnitzel Berlins. Nur jeder fünfte Gast schaffe es, das Schnitzel aufzuessen, schätzt der Gastwirt. Eine Straßenecke weiter, wo sich Wipperstraße und Kirchhofstraße treffen, hat sich gewissermaßen der Gegenpol zum fleischlastigen „Louis" etabliert: und zwar das „Vux", ein veganes Café. Bereits am Eingang erwartet potenzielle Kunden das Statement „Hier ist Pelzbekleidung nicht willkommen". Diejenigen, die ohne Pelzkleidung das amerikanisch inspirierte Lokal besuchen, dürfen testen, ob klassische Sahnetorten auch auf Soja- und Dinkelbasis schmecken. Lederschuhe und -gürtel werden hingegen geduldet.

Neben österreichischer, indischer, italienischer und türkischer Küche fehlt dem Richardplatz jedoch ausgerechnet eine Gastronomie aus der Gegend, die Rixdorf, und damit auch Neukölln, maßgeblich geprägt hat: Böhmen. Als Rixdorf noch ein Nest mit dreistelliger Einwohnerzahl war, gestattete der Preußenkönig Friedrich Wilhelm I. 18 böhmischen Familien, sich hier niederzulassen. Sie gehörten der Glaubensge-

Auf dem Richardplatz befindet sich die im Jugendstil errichtete Trinkhalle von Reinhold Kiehl.

meinschaft der Böhmischen Brüder an und waren als Protestanten auf der Flucht vor den katholischen Habsburgern, die in Böhmen herrschten. Über das sächsische Herrnhut gelangten sie 1737 nach Rixdorf.

Die kleine Passage zwischen Karl-Marx-Straße und Richardstraße beherbergt die Neuköllner Oper und ein gemütliches Kino.

1 Blick in einen Innenhof am Richardplatz

2 Bewachsene Villa am Richardplatz

3 Mittwochs und samstags ist Markt auf dem Karl-Marx-Platz, der nur wenige Meter entfernt vom Richardplatz liegt.

Hier stellte ihnen der preußische Staat neun Gehöfte zur Verfügung, die jeweils von zwei Familien bewohnt wurden. Die Häuschen, die heute in der Richardstraße und Kirchgasse stehen, stammen allerdings nicht aus dem 18. Jahrhundert, da 1849 ein verheerendes Feuer das Dorf nahezu gänzlich einäscherte. Auf die böhmische Vergangenheit der Häuser verweisen aber immer noch die Namen auf den Briefkästen, etwa Niemetz, Wanzlik, Maresch oder Krystek.

1875 kam das letzte Kind aus einer rein böhmischen Verbindung zur Welt. Zu diesem Zeitpunkt hatte das rasante Wachstum Berlins schon auf das beschauliche Rixdorf übergegriffen: Zwischen 1871 und 1919 – ein Jahr vor der Eingemeindung nach Berlin – stieg die Einwohnerzahl von rund 8000 auf 280 000 an. Im sogenannten Büdner-Dreieck zwischen Karl-Marx-Straße, Herrnhuter Weg und Richardstraße finden sich in den Innenhöfen der Blockrandbebauung noch Scheunen und Ställe, die Relikte der vorurbanen Zeit sind. Mit dem Passage Kino, dem Puppentheater-Museum, der Neuköllner Oper und dem Saalbau Neukölln konzentriert sich in diesem Dreieck das kulturelle Leben des Bezirks, heute wie auch zu der Zeit, als die Karl-Marx-Straße bebaut wurde. Allerdings war das Rixdorfer Kulturangebot Ende des 19. Jahrhunderts nicht nach dem Geschmack der feinen Leute: Fressbuden, Gaukler und Tanzlokale zogen die Berliner Arbeiterschaft in den sich mehr und mehr ausdehnenden Ort vor den Toren der Metropole, der der Obrigkeit als Sündenpfuhl schlechthin galt. Auch die Berliner Unterwelt lockte es hierher, wo sie sich dem Gesetz entziehen konnte.

Der auf einer böhmischen Melodie basierende Schlager „Der Rixdorfer" beschreibt, was die Vergnügungssuchenden faszinierte: „Auf den Sonntag freu ick mir./Ja dann geht es raus zu ihr/feste mit vergnügtem Sinn/Pferdebus nach Rixdorf hin./Dort erwartet Rieke mir/ohne Rieke kein Plaisir./(…) In Rixdorf is Musike, Musike, Musike,/da tanzen Franz und Rieke/die letzte Polka vor." Die Verse verbreiteten sich im ganzen Kaiserreich und dürften den Oberen des inzwischen auch formell Stadt gewordenen Rixdorf den letzten Anstoß gegeben haben, den Ortsnamen zu ändern. Den Hinweis auf die dörfliche Vergangenheit wollte man ohnehin loswerden.

1

2

3

Denkmalgeschütztes Gehöft von 1885 am Richardplatz

Als Kaiser Wilhelm II. 1912 die Umbenennung in „Neukölln" genehmigte, wuchs die Hoffnung auf einen wirtschaftlichen Aufschwung und den Zuzug des gehobenen Bürgertums. So entbehrt es nicht einer gewissen Ironie, dass Ende des 20. Jahrhunderts immer mehr Neuköllner Firmen und Institutionen den Bezug zum alten Namen suchten. Denn spätestens in den Neunzigerjahren hatte Neukölln einen ebenso schlechten Ruf wie ehemals Rixdorf – nicht zuletzt durch reißerische, auf Unterschichten-Bashing und das vermeintliche Scheitern von Multikulti fixierte Pressegeschichten wie die Spiegel-Story „Endstation Neukölln" von 1997.

Ein Namenswechsel führt also nicht zwangsläufig zu einer dauerhaften Imageverbesserung. Das zeigte sich auch an der Magistrale Neuköllns. 1947 beschloss – in einem kurzen Moment historischer Eintracht – eine Mehrheit von KPD und SPD im Bezirksparlament, sowohl den Straßenzug südöstlich des Hermannplatzes als auch den Hohenzollernplatz nach Karl Marx zu benennen. Als der Kalte Krieg heiß zu werden drohte, kam es bald zu Diskussionen über eine erneute Umbenennung, um sich von der sozialistischen Ideologie zu distanzieren. Einige forderten provokativ, die Karl-Marx-Straße nach der Stadt Chemnitz zu benennen, die wiederum seit 1953 Karl-Marx-Stadt hieß. Andere schlugen ganz pragmatisch in Anlehnung an die vielen Fachgeschäfte die Bezeichnung „Schuhstraße" vor. Dass der Autor des Kommunistischen Manifests weiterhin Namensgeber einer Straße im amerikanischen Sektor sein durfte, ist in erster Linie dem Widerstand der örtlichen Einzelhändler geschuldet, die die Kosten einer neuerlichen Adressänderung scheuten.

4 Karl-Marx-Straße mit verwaister C&A-Filiale und Rathaus Neukölln

5 Die 1906 als Kaiserliches Postamt eingeweihte Alte Post ist eines der auffälligsten Gebäude auf der Karl-Marx-Straße

6 Die historische Schmiede am Richardplatz

4

5

6

Der Name schadete der Karl-Marx-Straße bei ihrer Entwicklung zur nach dem Kurfürstendamm und der Steglitzer Schloßstraße umsatzstärksten Einkaufsstraße West-Berlins nicht. Als Publikumsmagnet erwies sich vor allem das 1900 von Hermann Joseph gegründete Kaufhaus, das 1952 von Hertie übernommen wurde. Nach seinem Abriss und Neubau in den Sechzigerjahren entwickelte sich das Neuköllner Hertie-Haus nicht nur zur wichtigsten Filiale der Stadt, sondern galt auch als ausgesprochen modern. Diesen Ruf hatte das Haus spätestens 2008 verloren, als es komplett entkernt und den Bedürfnissen anderer Filialisten angepasst wurde, die dort nun Kleidung und Drogerieartikel verkaufen.

Auch die ehemals zahlreichen inhabergeführten Geschäfte hatten darunter zu leiden, dass in den Neunzigerjahren die Kaufkraft der Neuköllner rapide gesunken war und neue Einkaufszentren im Umland gebaut wurden. Einige traditionsreiche Geschäfte trotzen jedoch heute noch dem Niedergang, etwa die 1919 eröffnete Musikalienhandlung „Bading" in der Karl-Marx-Straße 186. Ansonsten dominieren allerdings Telekommunikationsanbieter, Wettbüros, Internetcafés, Billigbackshops, Fastfoodbuden und die gängigen Modeketten. Die viel geschmähte Gentrifizierung hat die Ramschläden noch nicht vertreiben können, die oftmals so gar nicht zu den Gebäuden passen, in denen sie sich befinden.

Es lohnt, den Blick vom Erdgeschoss hinauf zu den oberen Etagen der Häuser wandern zu lassen, deren Fassaden zu Recht unter Denkmalschutz stehen. In der Karl-Marx-Straße 100 (Ecke Rollbergstraße) steht ein Haus, das mit seinem Turm sowie den aufwendigen Erkern und Giebeln davon zeugt, dass sich sein Bauherr zu repräsentieren wusste. Ähnliches gilt für das an der Ecke zur Werbellinstraße gelegene Haus Karl-Marx-Straße 108, wo die Wohnungen von Anfang an drei bis vier Zimmer sowie Bäder und Speisekammern aufweisen konnten. Diese für Rixdorf keineswegs übliche Ausstattung suchte man damals auch über die Fassade deutlich zu machen. Die größte Aufmerksamkeit zieht aber das Büdner-Dreieck mit den Hausnummern 131 bis 141 auf sich. Die Opernpassage und die Höfe, die das Puppentheater-Museum, den Saalbau und das „Café Rix" beherbergen, sind einen Abstecher von der Karl-Marx-Straße wert.

An einigen Stellen im Kiez rund um die Karl-Marx-Straße, den Richardplatz und die Richard-

In dem ländlichen grünen Idyll rund um den Richardplatz fühlt man sich wie in eine andere Zeit versetzt.

>> Neukölln ist seit 1737, als die Böhmen hierher kamen, ein Migrantenort. Das böhmische Dorf ist baulich gesehen zwar preußisch, in sozialer Hinsicht aber immer noch böhmisch. Insofern ist es auch ein Vorzeigeort. Die Böhmen haben ihre Identität bewahrt, sie sind keine Preußen geworden. Sie sind pragmatischer, „schwejkesker" sozusagen. Im Alltag finden sie immer wieder überraschende Lösungen. Natürlich herrscht ein äußerer Druck auf diese Idylle. Seit ich hier bin wurden einige Grundstücke aus böhmischem Besitz nicht weiter vererbt, sondern verkauft. Der Comenius-Garten trägt dazu bei, das Dorf als soziales Phänomen zu erhalten. Er ist auch ein Treffpunkt für die Flüchtlinge von heute. Gartenkultur ist die am meisten verbreitete Kultur der Welt. Das Prinzip des Gärtnerns muss man nicht erklären. Ein Garten ist ein friedlicher Ort. Innerhalb des Zauns gibt es eigene Regeln, und man gibt dem anderen Raum, um seine Andersartigkeit zu verstehen.

Henning Vierck, Initiator des 1995 eröffneten Comenius-Gartens an der Richardstraße

straße waren manche Unternehmungen nicht mehr rentabel oder zeitgemäß. Daraus haben sich interessante neue Nutzungen entwickelt – mal vorübergehend, oft auch dauerhaft. In der früheren Hauptpost zum Beispiel haben Künstler einen Platz zum Arbeiten und Ausstellen gefunden, ebenso im alten Umspannwerk in der Richardstraße. Auf dem Dach der Neukölln Arcaden wurde eine Bar samt Garten eingerichtet, wo auch musikalische und literarische Veranstaltungen stattfinden. Bis vor kurzem fungierte die Fläche als Parkdeck, obgleich sich jahrelang kein Auto bis in die oberste Ebene verirrte, schließlich kommen die wenigsten Neuköllner motorisiert zum Einkaufen. Die beständigste Neunutzung findet auf einer etwa ein Hektar großen Fläche an der Richardstraße statt. Hier stand bis 1971 die „Richardsburg", eine ob ihrer Ärmlichkeit und Enge berüchtigte Mietskaserne mit fünf Hinterhöfen. Nach ihrem Abriss sollte eigentlich ein Schulzen-

trum entstehen, wogegen sich die Bewohner des böhmischen Dorfs vehement wehrten. In dieser angespannten Situation kam dem Wissenschaftshistoriker Henning Vierck die Idee, als Kompromisslösung auf der Brachfläche einen Garten nach den Prinzipien von Johann Amos Comenius anzulegen. Comenius, der als letzter Bischof der Böhmischen Brüder angesichts ihrer Verfolgung die Religionsgemeinschaft in Böhmen aufgelöst hatte, wirkte auch pädagogisch und postulierte ein anschauliches und lebensnahes Lernen. Vierck sagt, er habe es witzig gefunden, mit Rückgriff auf einen Schulreformer eine Schule zu verhindern. In den fast 20 Jahren seines Bestehens hat der Comenius-Garten mit seinen Obstbäumen, Hecken, Beeten und Wiesen inmitten eines dicht bebauten Stadtgebiets für viele Kinder aus dem Kiez eine schulähnliche Funktion übernommen. So wird er regelmäßig von Schulklassen und Kindergartenkindern zu Lehrzwecken besucht.

7 Häuserfassaden der belebten Karl-Marx-Straße

8 Alltag in der Karl-Marx-Straße

9 Seit Ende der Achtzigerjahre steht die von Hartmut Bonk entworfene Skulpturengruppe „Imaginäres Theater" auf dem Karl-Marx-Platz.

7

8

9

Rosenthaler Vorstadt

Spaziergänger genießen die Abendsonne im Weinbergspark, einer Oase in Berlin Mitte

Auferstanden aus Remisen

Der Fall der Mauer katapultierte das alte Handwerkerviertel zwischen Gartenstraße im Westen, Bernauer Straße im Norden, Schwedter und Choriner Straße im Osten sowie Torstraße im Süden in das Zentrum der Hauptstadt.

Was haben der SPD-Politiker Wolfgang Thierse, der Regisseur Wim Wenders, die Sängerin Peaches und der stellvertretende Hauptgeschäftsführer der Berliner Industrie- und Handelskammer Christian Wiesenhütter gemeinsam? Sie alle machten 2011 gegen den Umbau der Kastanienallee mobil. An einigen Fenstern der Straße hingen Transparente mit der Aufschrift „Stoppt K21!", die Analogie zum umstrittenen Bahnhofsprojekt in Stuttgart war gewollt. Anders als in der Schwabenmetropole kam es aber nicht zu einer Volksabstimmung, denn der opponierenden Bürgerinitiative gelang es nicht, die nötige Zahl an Unterschriften zu sammeln. Folglich rollten die Bagger an, um die Bürgersteige zu erneuern und den Platz auf der Straße neu zu verteilen. Die Radfahrer, die sich bisher zwischen den Straßenbahnschienen oder in dem engen Raum zwischen den Schienen und den parkenden Autos hatten fortbewegen müssen, erhielten eine eigene Spur – auf Kosten der Parkplätze, von denen einige wiederum auf den ehemals großzügigen Fußgängerweg verlegt wurden. Manchen Kritikern der Umgestaltung ging es um die Sicherheit, weil man fürchtete, dass die Straßenbahn, wenn keine Radfahrer mehr im Weg sind, schneller fahren werde. Die Gewerbetreibenden störten sich hingegen vor allem daran, dass fast die Hälfte der Parkplätze wegfallen und die Bürgersteige schmaler werden sollten. Andere wiederum sahen den gewachsenen Charme der Kastanienallee durch eine neue Pflasterung in Gefahr. Je länger sich die dreijährigen Bauarbeiten hinzogen, desto mehr verpuffte jedoch der Protest, und die Energie der Beteiligten wandte sich anderen Fragen zu. So organisierten einige Geschäftsleute, die sich als K21-Gegner kennengelernt hatten, gemeinsam ein Straßenfest. Heute scheinen sie sich mit dem neuen Antlitz der Kastanienallee abgefunden zu haben.

Die Auseinandersetzungen um die im Volksmund aufgrund ihrer hippen Flaneure auch „Castingallee" genannte Straße zeigten einmal mehr, dass im Kiez durchaus Menschen wohnen, denen es nicht egal ist, was vor ihrer Haustür geschieht. So übten Anwohner ein paar hundert Meter weiter südwestlich, wo die Kastanienallee in den Weinbergsweg übergeht, so lange Druck auf die Bezirksbehörden aus, bis der Senat Gelder bereitstellte und das Grünflächenamt das Gebüsch im Weinbergspark ausdünnte, das den zahlreichen Drogendealern zuvor als Rückzugsort und Warendepot gedient hatte. Die mehr als eine Million Euro teure Parksanierung von 2005 beeinträchtigte das Geschäft mit den illegalen Substanzen stark, jedenfalls stärker, als die direkt gegenüber dem Park in der Brunnenstraße sitzende Polizei es jahrelang vermocht hatte. Das war allerdings nicht allen recht. „Mach meinen Dealer nicht an", lautete die Überschrift einer Flugschrift, die im Kiez kursierte.

So bunt die Gegend ist, so unterschiedlich sind die Bedürfnisse der Leute. Eine ebenso kreative wie wirksame Methode, lärmbedingten Ärger mit den Nachbarn zu vermeiden, fand das Kunsthaus „Acud" in der Veteranenstraße, zu dem neben einer Galerie, einem Theater und einem Kino auch ein Konzertcafé und ein Club gehören: Eine Zeit lang wurde jedem Gast am Ausgang kurzerhand ein Fruchtgummi in den Mund geschoben, das zumindest die ersten Meter des Nachhausewegs vom Reden oder Singen abhalten sollte.

Das „Acud" steht auch für eine städtebauliche Besonderheit der Rosenthaler Vorstadt: die konsequente Verdichtung der Innenhöfe durch Wirtschaftsbauten. Die ehemalige Korbfabrik, in der die seit 1991 bestehende Kulturinstitution residiert, gehört zu den größeren Hofbauten im Kiez. Bei der überwiegenden Zahl der noch existierenden Bauten handelt es sich um ein- bis zweistöckige Remisen, die von 1840 bis

Mauergedenkstätte an der Bernauer Straße

1910 entstanden. Die Backstein- oder Fachwerkbauten dienten häufig zunächst als Stallungen. Mit der Industrialisierung verdichtete sich auf Kosten der Nutzgärten die Bebauung in den Höfen, aus vielen kleinen Handwerkerschuppen wurden kleine Fabriken. Manche der ursprünglichen Remisen wurden abgerissen und durch größere Gebäude ersetzt, andere aufgestockt.

Nach dem Ersten Weltkrieg zwangen die Konzentrationsprozesse in der Wirtschaft zahlreiche Handwerksbetriebe zur Geschäftsaufgabe. Und

Findige Gastronomen geben ihren Lokalen gerne programmatische Namen, so auch in der Nähe des Weinbergsparks auf der Kastanienallee.

auch der Siegeszug des Automobils machte Pferdeställe und Hufschmieden verzichtbar. In den Sechzigerjahren bewogen Materialknappheit und die feindliche Haltung der DDR-Behörden gegenüber Kleinunternehmern schließlich nahezu alle Handwerker in den Remisen dazu, ihre Betriebe aufzugeben. Auch war die Rosenthaler Vorstadt nach dem Mauerbau 1961 vom Westbezirk Wedding abgeschnitten, zu dem es zahlreiche wirtschaftliche Verbindungen gegeben hatte. Einige der größeren Gewerbebauten übernahmen Volkseigene Betriebe als Lagerflächen. So nutzte der VEB Secura, der unter anderem Tischrechner, Kopierer und Lochkartengeräte herstellte, die Remisen in der Fehrbelliner Straße 51.

Ein besonderer Hinterhofbau steht in der Brunnenstraße 33, nämlich die einzige noch erhaltene Privatsynagoge Berlins. Vor der gewaltsamen Vertreibung des jüdischen Lebens entstanden in der ganzen Stadt auf private Initiative, in diesem Fall des Vereins

Beth Zion, kleine Gebetsräume für die Gläubigen, denen der Weg zu einer der größeren Synagogen zu weit war. 1982 baute der VEB Berlin-Kosmetik den Innenraum um, um ihn als Büro zu nutzen. Nach 15 Jahren Leerstand und einer bei Denkmalschützern besonders durch den Abriss historischer Säulen umstrittenen Sanierung zog dort 2007 die Talmud-Thora-Schule Beis Zion ein. Von der Brunnenstraße aus lässt sich die etwas versteckt liegende Synagoge allerdings nur durch einen Tag und Nacht Wache schiebenden Polizisten auf dem Bürgersteig erahnen.

Nach der Wende wurden, wie schon zu DDR-Zeiten für die ganze Rosenthaler Vorstadt geplant, einige der Remisen abgerissen, die meisten aber saniert. Manche der Hofgebäude wurden zu hochwertigen Wohnungen umgebaut, wie etwa das Remisenensemble einer früheren Süßwaren- und Eiscremefabrik in der Ackerstraße 19–22. Auch die ehemalige 1890 im Stil der romantisierenden Neorenaissance errichtete Brauerei „Josty" in der Bergstraße 22, aus deren Dach

1 Der Arkonaplatz ist ein beliebter Treffpunkt im nördlichen Teil des Kiezes.

2 Blick auf den Turm der Zionskirche am gleichnamigen Platz ganz in der Nähe des Weinbergsparks

3 Neben den Sitzmöglichkeiten der Cafés schmücken die Waren zahlreicher kleiner Läden das Trottoir der Kastanienallee.

1

2

3

nach jahrzehntelanger Nutzung als Autowerkstatt und Fahrschule Anfang der Neunzigerjahre aufgrund fehlender Instandhaltung noch Bäume herauswuchsen, wurde 1994/95 saniert. In dem Gebäudekomplex befinden sich heute luxuriöse Ferienapartments, Galerien, Ateliers sowie ein Restaurant.

Den größten Teil der Remisen nutzen heute in der Rosenthaler Vorstadt aber wieder Gewerbetreibende. So findet sich in der Anklamer Straße 38–40 mit der Frauengenossenschaft „Weiberwirtschaft" das größte Gründerinnenzentrum Europas mit rund 60 angesiedelten Unternehmen, Verbänden und Vereinen aus unterschiedlichsten Branchen auf 7100 Quadratmetern – wobei man die früheren Fabrikgebäude aufgrund ihrer Ausmaße kaum mehr als Remise bezeichnen kann.

Mit der Revitalisierung des Gewerbes kehrt die Rosenthaler Vorstadt gewissermaßen zu ihren Ursprüngen zurück. Der Kiez entstand als Handwerkersiedlung, zunächst zwischen Brunnen- und Bergstraße.

Friedrich II. brachte die während der Sommermonate in Berlin tätigen Handwerker aus dem sächsischen Voigtland (heute Vogtland) dazu, sich hier dauerhaft niederzulassen, damit sie ihr in Preußen verdientes Geld nicht anderswo ausgeben konnten. Um 1755 wohnten 120 sächsische Handwerkerfamilien in eingeschossigen Häusern mit eigenem Garten in der Kolonie Neu-Voigtland. Das Gebiet wurde zuvor als Wüste bezeichnet, weil man für den Bau der Berliner Zollmauer, der sogenannten Akzisemauer, die Bäume gefällt hatte und häufige Sandverwehungen die landwirtschaftliche Nutzung stark erschwerten. Ab dem 19. Jahrhundert wurden mit der Industrialisierung die Siedlungshäuser durch mehrgeschossige Wohnhäuser ersetzt. Bald entwickelte sich das Neu-Voigtland zum geächteten Armenviertel, da die geringen Mieten das Lumpenproletariat anzogen. Auf den unbefestigten und unbeleuchteten Straßen fühlten sich auch diejenigen Gestalten wohl, die sich an der starken Polizeipräsenz innerhalb der Stadtmauer störten.

Auf der Kastanienallee reihen sich Cafés aneinander, die Tag für Tag Scharen von Hedonisten anziehen.

Die Lage der Rosenthaler Vorstadt außerhalb der Grenze Berlins – erst 1831 wurde sie eingemeindet – brachte freilich auch wirtschaftliche Vorteile, denn da Bier und Kaffee hier nicht besteuert wurden, florierte das Gastgewerbe. Den sozialen Problemen, die nicht zuletzt durch den zügellosen Alkoholkonsum entstanden, verdankte die Gegend, die um 1800 offiziell ihren Namen erhielt, jedoch eines ihrer schönsten Bauwerke: die von König Friedrich Wilhelm III. in Auftrag gegebene und 1835 nach

über der Stadt befanden. Gartenlokale und ein Vorstadttheater, zeitweilig sogar ein Zirkus, lockten gutbetuchte bürgerliche Familien zum Sonntagsausflug her. Diese Klientel zieht der Kiez auch heute noch an.

Wie beliebt die Wohngegend geworden ist, zeigt der Erlös, den die US-amerikanische Firma Lone Star für den Verkauf eines Flachbaus aus der DDR-Zeit am Teutoburger Platz im Herbst 2013 erhielt: 17 Millionen Euro für 4523 Quadratmeter. Der Käufer, ein Münchner Investor, darf nun fünfgeschossige Wohnhäuser auf dem Grundstück errichten, dort, wo heute ein Supermarkt steht. Dieser wird vermutlich in den Neubau integriert werden – dem Kiez droht daher wohl keine Gefährdung der Nahversorgung. Ohnehin können die Bewohner des Kiezes einen der schönsten Einkaufsorte Berlins für sich reklamieren. In der ehemaligen Markthalle VI in der Ackerstraße, deren 3546 Quadratmeter sich nach der Eröffnung 1888 344 Marktstände teilten, bietet nun eine Supermarktfiliale ihre Waren feil. Von den vier alten Berliner Markthallen ist die Ackerhalle die einzige, die nahezu unbeschadet das 20. Jahrhundert überlebt hat.

Kiezler im „Godot" unter den Kastanien der Kastanienallee

Entwürfen von Karl Friedrich Schinkel errichtete Elisabethkirche. Durch die Präsenz der Kirche als moralische Instanz versuchte man das unsittliche Treiben zu stoppen. Zu einer richtigen Autorität entwickelte sich die Kirche im Kiez allerdings nicht, wie der damalige Pastor Eduard Kuntze anlässlich der Revolutionswirren 1848 beklagte, als sich seine Schäfchen am Barrikadenbau beteiligten.

Im 19. Jahrhundert schwärmten die Berliner trotz des eher schlechten Rufs der Umgebung in die am Rosenthaler Tor (heute Rosenthaler Platz) gelegenen Weinberge, die sich in „gesunder und luftiger Höhe"

Überhaupt ist die Rosenthaler Vorstadt, was die Bausubstanz angeht, einigermaßen glimpflich durch den Zweiten Weltkrieg und die städtebauliche Modernisierung der Nachkriegszeit gekommen. Nur eine zeitgemäße Nutzung zu finden, das dauerte bei so mancher Immobilie recht lange. Bis heute ist zum Beispiel noch nicht klar, was aus dem relativ gut erhaltenen ehemaligen Kaufhaus Jandorf werden soll, das

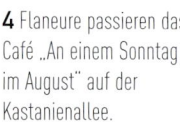

4 Flaneure passieren das Café „An einem Sonntag im August" auf der Kastanienallee.

4

>> Dieses Viertel ist untrennbar mit der DDR-Boheme verbunden. Die Häuser waren runtergekommen, es zogen immer mehr Leute weg, die eine Neubauwohnung haben wollten. Dadurch fanden Künstler hier den Raum, sich anzusiedeln. In den Siebzigern und Achtzigern spielte sich das soziale Leben in den Wohnungen ab, es gab kaum Gaststätten. In dem Haus, in dem ich lebte, war ständig Musik, die Türen standen immer offen, es war ein Paradies. Das Wohnen war unheimlich angenehm. Nur auf der Straße fielen die Autos von der Stasi auf, das war gewollt, zur Einschüchterung. Wir waren nicht direkt Staatsfeinde, aber wir wollten nicht unter dem Druck des Systems leben. Es gehörte auch zum guten Ton, einen Ausreiseantrag zu stellen. Während der großen Ausreisewelle 1989 wurde es hier gespenstisch leer, von den zwölf Parteien in meinem Haus waren nur noch drei da. Die Zeit danach, während des Übergangs, war unglaublich aufregend, weil im Kiez überall Neues entstand.

Ralf Krause, Flamenco-Gitarrist in der DDR, im Mauerpark an der Bernauer bzw. Eberswalder Straße

nach dem Unternehmer Adolf Jandorf benannt wurde, der auch das KaDeWe errichten ließ. 1904 eröffnet, zu einer Zeit, als die Brunnenstraße als „Ku'damm des Nordens" galt, beherbergte es als „Haus der Mode" bis zur Wende die einzige Ausbildungsstätte der DDR für Modedesign. Der heutige Besitzer will es hingegen als „Multifunktionsgebäude" etablieren, das sowohl als Bürostandort als auch als Konferenz- und Veranstaltungslocation genutzt werden kann. Doch offensichtlich teilen zu wenig Interessenten seine Auffassung, nach der seine Immobilie zu den 200 wertvollsten Berlins gehört. Deshalb sollen Zwischennutzungen das prächtige Gebäude an der Ecke zur Veteranenstraße populärer machen – erst einmal auf unbestimmte Zeit.

Für das alte Schwimmbad in der Oderberger Straße, die sich kurz hinter der unsichtbaren Grenze befindet, die die Rosenthaler Vorstadt vom Prenzlauer Berg trennt, fand sich dagegen Ende 2013 nach langer Ungewissheit eine Lösung: Der neue Besitzer, ein in der Kastanienallee sitzendes Sprachzentrum, verpflichtete sich, das 1902 eröffnete Bad mithilfe öffentlicher Zuschüsse denkmalschutzgerecht zu sanieren und ab 2015 innerhalb der Woche wieder einen Badebetrieb anzubieten. Die letzten Schwimmer hatten hier 1986 ihre Bahnen gezogen, kurz bevor in der Halle aus Sicherheitsgründen der Schwimmbetrieb eingestellt wurde. Bis zur Schließung des Bads Mitte der Neunzigerjahre konnten die Mieter unsanierter Wohnungen in der Umgebung noch zum Duschen vorbeikommen. Für die Verwandlung des Bads zur Eventlocation am Wochenende soll das Becken mit einem ausfahrbaren Hubboden ausgestattet werden. Ohne dass das Wasser abgelassen werden muss, kann die Schwimmhalle dann als Veranstaltungsort genutzt werden.

5 Innenraum der auf dem Fundament der alten Versöhnungskirche errichteten Kapelle der Versöhnung in der Bernauer Straße.

6 Kastanienallee: Eingang zum „Prater", dem ältesten Biergarten Berlins

7 Abendsonne auf der großen Wiese im Weinbergspark

5

6

7

SO 36

Jogger auf der Oranienstraße, der Lebensader des Kiezes

Chaoten retten Kreuzberg

Zwischen Kottbusser und Schlesischem Tor opponierte die linke Szene jahrelang gegen das System. Ohne ihr Wirken wäre der Kiez heute ein anderer – und vermutlich weitaus weniger lebendig.

Der Geruch von Holzkohle zieht aus den Restaurants des „Hasir"-Imperiums auf die Adalbertstraße. Hasir bedeutet „Strohteppich" und steht für die bodenständige türkische Küche, die das Familienunternehmen bereits seit den Achtzigerjahren anbietet. Draußen bitten Bettler die vielen Passanten, die auf den schmalen Bürgersteigen zwischen Kottbusser Tor und Oranienstraße unterwegs sind, um ein paar Cent. Ein Radfahrer schlängelt sich an den Autos vorbei, die sich an der Kreuzung stauen. Sein Haar ist schlohweiß, die Augenbrauen buschig, auf dem Gepäckträger klemmt ein altmodischer Lederschulranzen. Über die Gesichter einiger Passanten huscht ein Lächeln, als sie ihn sehen. Sie erkennen ihn, auch wenn er an diesem Hochsommertag nicht den für ihn typischen roten Schal trägt. Dafür überquert er die Ampel bei Rot. Das passt. Hans-Christian Ströbele ist eben kein gewöhnlicher Grüner, sondern ein ziemlich roter Grüner, röter als es vielen seiner Fraktionskollegen oft lieb ist. Diese Eigenschaft hat ihn nicht daran gehindert, viermal in Folge als Direktkandidat für Friedrichshain-Kreuzberg in den Bundestag gewählt zu werden. Rund um das „Kotti", wo auf Transparenten Ende April regelmäßig „Heraus zum revolutionären 1. Mai!" gefordert wird, dürfte ihm sein linkes Profil nicht geschadet haben. Kein Wunder, schließlich erzielen die bürgerlichen Parteien in den Wahllokalen von SO 36 – das Kürzel des früheren Postzustellbezirks „Südost 36" ist geläufiger als der Name des historischen Stadtteils „Luisenstadt" –, nur selten ein zweistelliges Ergebnis.

Radelnd gehört der Abgeordnete zum alltäglichen Straßenbild. Wenn Ströbele aber vom Sattel steigt und das Rad schiebt, ist das ein sicheres Zeichen dafür, dass sich irgendwo etwas zusammenbraut. Möglicherweise sind dann seine Dienste als Vermittler gefragt. Bei jeder Demonstration, sei es gegen steigende Mieten oder für die Legalisierung von Marihuana, ist er dabei. Allerdings ist in den letzten Jahren der Bedarf an einer deeskalierenden Vermittlung zwischen Demonstranten und der Polizei gesunken. Die Autonomen, die das Bild des rebellischen Kreuzbergs in den Achtziger- und Neunzigerjahren geprägt haben, sind nicht jünger geworden. Vorbei sind die Zeiten, als man vom Demonstrieren nahtlos zum „Entglasen" von Bushaltestellen und Geschäften überging. Vor allem die

Feierlichkeiten rund um den 1. Mai, die mittlerweile vom Karneval der Kulturen als bedeutendstes Outdoor-Event in Kreuzberg abgelöst wurden, haben an Dynamik eingebüßt. Bemühten sich kurz nach der Jahrtausendwende Journalisten noch darum, strategisch günstig gelegene Aussichtsplätze wie die Terrasse der „Ankerklause" am Maybachufer frühzeitig zu reservieren, bleibt es inzwischen eher bei lauthals gerufenen Parolen, als dass es zu größeren Ausschreitungen kommt. Angesichts der überregionalen Beliebtheit, der sich die Mai-Krawalle früher erfreuten, und der großen wirtschaftlichen Bedeutung, die der Tourismus für Berlin inzwischen hat, verwundert es, dass die landeseigene Tourismusförderung keine diskreten Maßnahmen unternimmt, um diese Tradition wieder aufleben zu lassen.

Mittlerweile ist auch einer der mythischen Orte des revolutionären Kreuzbergs verschwunden. Im

Der legendäre Club „SO36" ist noch immer in Betrieb, doch längst zieht er nicht mehr nur Punks in seine Halle.

Bemaltes Haus in der Waldemarstraße. Den Hausbesetzern ist es zu verdanken, dass es den Kiez heute in der Form gibt.

1 Kiezleben in der Eisenbahnstraße, die von der Köpenicker Straße zum Lausitzer Platz führt

2 Graffiti an einer Häuserwand in der Waldemarstraße

3 Secondhand Laden am Heinrichplatz

4 Das Künstlerhaus Bethanien avancierte zum kulturellen Zentrum des Kiezes. Neben kulturellen befinden sich hier auch soziale Einrichtungen.

Jahr 2010 eröffnete das Maschari-Center in der Skalitzer Straße/Ecke Wiener Straße. Wo heute die nach der Şehitlik-Moschee am Columbiadamm zweitgrößte Moschee der Stadt steht – ein Gemeindezentrum samt Restaurant, Fleischerei, Bestattungsinstitut, Reisebüro für Mekka-Pilger, Jugendclub und einer Boutique für Damenmode –, befand sich früher ein Bolle-Supermarkt, der bei den legendären Krawallen vom 1. Mai 1987 geplündert und in Brand gesetzt wurde. Die letzten Mauerreste des niedergebrannten Flachbaus sollten noch fast zwanzig Jahre lang an den Tag erinnern, an dem sich die

Polizei für mehrere Stunden aus dem östlichen Teil Kreuzbergs zurückziehen musste.

Die Aufmüpfigkeit der Bewohner von SO 36 ist die ungewollte Folge einer fragwürdigen Stadtplanung in den frühen Sechzigerjahren. Im Gegensatz zu der Gegend westlich der Prinzenstraße, die im Krieg weitgehend dem Erdboden gleichgemacht worden war, hielten sich die Schäden östlich des Moritzplatzes in Grenzen. Doch die Altbaustruktur mit ihrer charakteristischen Mischung aus Gewerbe und Wohnen passte nicht mehr in das stadtplanerische Leitbild der Nachkriegszeit, sodass man viele Altbauten, die den Krieg überstanden hatten, abriss. In der Broschüre „Entmischung des städtischen Raums" zählte das Bezirksamt Kreuzberg bereits 1956 auf, was es künftig nicht mehr geben sollte: „tonnenschwere Stuckfassaden mit geschmackloser Pseudostilistik", zwischen Kneipen und Tanzlokalen eingezwängte Gotteshäuser und vor allem zu enge Straßen, schließlich war das Verkehrsaufkommen inzwischen deutlich gestiegen.

Um die Stadt autogerecht zu gestalten, was damals kaum jemand ernsthaft kritisierte, plante der West-Berliner Senat ein Netz von Stadtautobahnen. Neben dem Stadtring, der heutigen A 100, sollten vier Tangenten um das historische Zentrum entstehen. Der Flächennutzungsplan von 1965 sah unter anderem die sogenannte Südtangente (A 106) vor, die von der Urania in Schöneberg über das Gleisdreieck, den Moritzplatz, die Oranienstraße und den Görlitzer Bahnhof zum damaligen Ost-Berliner Bezirk Treptow verlaufen sollte. Am Oranienplatz war ein Autobahnkreuz in Hochlage geplant. Hier sollte die A 106 die A 102 kreuzen, die als Osttangente vom südlichen Neukölln am Rande des Flughafens Tempelhof vorbei durch die Hasenheide über Kreuzberg nach Weißensee

1

2

3

4

führen sollte. Die Tangenten wurden jedoch nie realisiert, sodass für sie auch keine Schneise geschlagen werden musste. Unabhängig davon hatte der Senat 1963 in seinem Stadterneuerungsprogramm beschlossen, ein 107 Hektar großes Gebiet rund um das Kottbusser Tor zu „sanieren", sprich die alten Häuser abzureißen und durch neue zu ersetzen. Davon waren 37 000 Einwohner in knapp 17 000 Wohnungen sowie 16 000 Beschäftigte in 1700 Betrieben betroffen. Der Sanierungsbeschluss bewirkte, dass die meisten Vermieter jegliche Pflege- und Reparaturmaßnahmen in ihren kurz vor dem Abriss stehenden Häusern einstellten. Relativ schnell zogen die besserverdienenden Mieter weg. Wer neu einzog, erhielt einen Mietvertrag, der lediglich bis zum nicht weiter terminierten Abriss gelten sollte. Neben aus dem Ausland angeworbenen Arbeitern, sogenannten Gastarbeitern, die eine eigene Wohnung den provisorischen Sammelunterkünften vorzogen, lebten dort vor allem junge Leute aus Westdeutschland, die vor der Enge der Provinz oder dem Bundeswehrdienst nach West-Berlin geflüchtet waren.

Durch die Mauer im Norden sowie die angrenzende Spree, auf deren östlicher Seite die DDR begann, lag SO 36 in einem Randgebiet, das sich für Experimente jenseits der bürgerlichen Leitkultur anbot. Wohnen und Arbeiten waren durch eine mehr oder weniger starke Abwesenheit von Hierarchien geprägt. Einige gemeinschaftlich organisierte Projekte haben sich bis heute gehalten, beispielsweise das Praxiskollektiv in der Reichenberger Straße, in dem Ärzte und Ärztinnen sowie Praxishelfer seit 1979 gleichberechtigt und zu den gleichen Konditionen arbeiten. Auch das Frauenkollektiv „Kraut & Rüben" am Heinrichplatz, das seit 1978 den Kiez mit Biolebensmitteln versorgt, oder die 1969 gegründete Neue Gesellschaft für Bildende Kunst, die seit 1992 Ausstellungen in der ehemaligen Tresorfabrik in der Oranienstraße organisiert, gehören dazu. Manchmal begünstigte die

Blick auf den Rosengarten samt Brunnen mit Buddha-Statue, das Engelbecken und die Kirche St. Michael im Hintergrund

Randlage auch drastische Maßnahmen der oftmals überforderten Staatsmacht, etwa im Juni 1987, als die Polizei das östliche Kreuzberg für mehrere Stunden abriegelte, um zu verhindern, dass sich die „Chaoten" massenweise an Protesten gegen den Besuch des US-amerikanischen Präsidenten Ronald Reagan beteiligen.

Die Stände des freitags und samstags stattfindenden gut besuchten Wochenmarkts in der Markthalle IX setzen auf saisonales und regionales Essen.

Ein erstes Zeichen gegen die Kahlschlagsanierung bei gleichzeitiger Wohnungsknappheit setzten mehrere Hundert Jugendliche bereits im Dezember 1971, als sie ein Nebengebäude des früheren Krankenhauses „Bethanien" besetzten und nach dem Anarchisten Georg von Rauch benannten, der wenige Tage zuvor bei einem Zusammenstoß mit der Polizei umgekommen war. Das Krankenhaus, in dem Theodor Fontane Mitte des 19. Jahrhunderts als Apotheker gearbeitet hatte, stand seit seiner Schließung 1970 leer. Es sollte allerdings noch gut ein Jahrzehnt dauern, bis die Hausbesetzerbewegung ihren Höhepunkt erreichte: Zwischen 1980 und 1984 zählte man in West-Berlin 100 dauerhaft „instandbesetzte" Häu-

ser, davon 55 in Kreuzberg. Bis 1984 wurden sie entweder geräumt, oder ihre Bewohner erhielten Mietverträge. Mitte der Achtzigerjahre löste die „behutsame Stadterneuerung" die Kahlschlagsanierung als städtebauliches Paradigma ab. Neubauten wie die gigantische Wohnmaschine „Neues Kreuzberger Zentrum" von 1974, die die Adalbertstraße überbaute und die Dresdener Straße vom Kottbusser Tor abtrennte, galten schon ein Jahrzehnt nach ihrer Fertigstellung als städtebauliche Fehlentwicklung, die neue soziale Probleme schuf. Dass diese Umorientierung für den Altbaukiez SO 36 nicht zu spät kam, ist maßgeblich den Besetzern und ihren Unterstützern zu verdanken. Wer versucht, das im Mauerschatten gewachsene Biotop trockenzulegen, muss sich auf Gegenwind gefasst machen – diese Botschaft kam deutlich an. Noch immer gibt es Immobilienmakler, die sich weigern, Mietobjekte aus der früheren Luisenstadt in ihr Portfolio aufzunehmen. Die Begründung: zu viel Krawall, zu viel Risiko.

Allmählich haben sich die Wohnverhältnisse im Kiez verbessert. Nur noch bei etwa drei Prozent der Wohnungen fehlen Bad oder Innentoilette, nur noch ein Zehntel der Haushalte muss mit Kohleöfen heizen – 1995 war es noch ein Drittel. Von einer gehobenen Wohnlage kann aber noch lange keine Rede sein, allein schon aufgrund der bauhistorischen Besonderheiten. So fehlen an nahezu allen Altbauhäusern die Balkone, denn anders als in Gründerzeitvierteln in Prenzlauer Berg, Schöneberg, Neukölln oder in anderen Teilen Kreuzbergs wurden in der größtenteils Mitte des 19. Jahrhunderts in der heutigen Form bebauten Luisenstadt auch die Vorderhäuser für ärmere Leute konzipiert, eine Beletage war nie vorgesehen. Aber wer kommt schon nach SO 36, um auf dem Balkon zu sitzen? Das Leben spielt sich auf der Straße ab. Nicht ohne Grund verkauft die Bäckerei „Melek Pastanesi" der Familie Bektas in der Oranienstraße 28 rund um die Uhr ofenfrisches Gebäck. Belebt war die Gegend schon immer. Zur Zeit der Weimarer Republik erhielt die Oranienstraße wegen ihrer

» Als ich das erste Mal in der Luckauer war, kam mir Ratten-Jenny mit ihrem langen rosa Iro entgegen. An einer Hundeleine zog sie einen äußerst gut gebauten jungen Mann mit nacktem Oberkörper hinter sich her. Da dachte ich, das ist ja geil, hier muss ich wohnen. Damals wirkte Kreuzberg aber noch wie eine Geisterstadt. Erst als dann viele andere Häuser besetzt wurden, belebte es sich wieder. Wir waren ein militantes Haus. Zunächst forderten wir fünf Jahre Mietfreiheit, weil das Haus zuvor fünf Jahre lang leer gestanden hatte. Und gegen eine Räumung wollten wir uns verteidigen. Das Erdgeschoss blieb zugemauert, in den Treppenhäusern hatten wir Gitter, die man im Fall des Falles zuziehen konnte. Jeder hatte in seinem Zimmer einen Einkaufswagen voller Pflastersteine, Traubenzucker zum Durchhalten und Zitronensäure gegen das Tränengas. So weit kam es nie, aber wir hatten unseren krassen Ruf. Andere Besetzer sind in die Häuser rein und haben sofort einen auf heile Welt und Schöner Wohnen gemacht. Wir nicht.

Taina Gärtner, grüne Bezirksverordnete, Flüchtlingshelferin und ehemalige Hausbesetzerin in der Luckauer Straße, im Protesthaus der Mieterinitiative „Kotti & Co" am Kottbusser Tor

hohen Ladendichte den Spitznamen „Ku'damm des Ostens". Ein Haus mit langer Tradition ist der gemeinnützige Werkstattladen der ehemaligen Blindenanstalt, wo seit den Zwanzigerjahren handgefertigte Bürsten, Besen und Korbwaren verkauft werden. Die anderen Geschäfte sind hingegen seit höchstens vierzig Jahren in der „O-Straße" ansässig. Filialisten fehlen gänzlich.

Das Autobahnkreuz ist übrigens nicht das einzige aufgegebene Verkehrsvorhaben am Oranienplatz. Unter dem Straßenpflaster befindet sich der Rohbau eines U-Bahnhofs. Bevor dieser Abschnitt der U8 1928 in Betrieb ging, hatte die Kaufhauskette Wertheim erfolgreich Einfluss auf die Streckenplanung genommen, woraufhin die U-Bahn statt am Oranienplatz einen Bahnhof am Moritzplatz erhielt, direkt an einer Filiale des Warenhauses. Zwei Jahre zuvor hatte der Oranienplatz auch seine Wasseranbindung verloren, da der Luisenstädter

Kanal zugeschüttet worden war. Dieser damals zwischen Landwehrkanal und Spree verlaufenden Wasserstraße, auf der ab Mitte des 19. Jahrhunderts Ziegelsteine in das industriell boomende Berlin gebracht wurden, verdanken Erkelenz-, Leuschner-, Segitz- und Legiendamm ihren parkähnlichen Charakter. Wer heute an jener Stelle auf einer Caféterrasse sitzt, wo der Kanal einstmals in Richtung Osten hin zur Spree abbog, blickt auf die Wasserspiele des rekonstruierten Engelbeckens und auf den wiederhergestellten Indischen Brunnen mit Buddha-Figur im Rosengarten. Die Originalfigur hatte hier zwischen den beiden Weltkriegen gestanden, bevor sie zu Rüstungszwecken eingeschmolzen wurde. In den Abendstunden erstrahlen die Häuserfassaden rund um das Engelbecken im Licht der Straßenlaternen, und manchmal, wenn auch selten, mischt sich hierunter der orangefarbene Ton eines brennenden Autos.

5 Plakatierte Rollläden in der Oranienstraße

6 Der Funk- und Soulclub „Cake" auf der Oranienstraße

7 Im Kiez gibt es auch gediegenere Altbauhäuser, wie hier in der Waldemarstraße.

8 Die Markthalle IX in der Eisenbahnstraße ist eine der drei letzten erhaltenen historischen Markthallen der Stadt.

5   6   7   8

Winterfeldtkiez

Das „Eldorado" in der Motzstraße knüpft mit seinem Namen an ein legendäres Homosexuellen-Café der Zwischenkriegszeit an.

Die Schöneberger Begegnungszone

Dass der Kiez zwischen Martin-Luther-Straße, Hauptstraße, Potsdamer Straße und Bülow-straße zu West-Berliner Zeiten stärker im Rampenlicht stand als heute, macht ihn für Bewohner und Besucher nicht weniger attraktiv.

Als Hausbesitzer hat man es nicht immer leicht. Vor allem, wenn Prominente die Mieter sind – oder waren. Der Besitzer der Hauptstraße 155 kann ein Lied davon singen, denn regelmäßig muss er das Schild mit der Hausnummer ersetzen lassen, nachdem

David-Bowie-Fans es auf der Jagd nach Souvenirs eingesackt haben. Der britische Sänger logierte von 1976 bis 1978 in einer Sieben-Zimmer-Wohnung in der ersten Etage, sein amerikanischer Kollege Iggy Pop wohnte derweil im Hinterhaus. Erst war dieser in der Wohnung Bowies untergekommen, erwies sich bald jedoch als wenig WG-tauglich, da er immer wieder die Lebensmittel verspeiste, die Bowie extra aus dem KaDeWe besorgt hatte.

Bowie nutzte seine Zeit in West-Berlin dazu, etwas Abstand zu seinen vorigen Lebensgewohnheiten zu gewinnen – gewissermaßen als Kuraufenthalt. Als sich der „Thin White Duke" in Schöneberg niederließ, wog er nur 50 Kilogramm, da er sich vorwiegend von Milch, Kokain und Zigaretten ernährt hatte. Zwar fühlte er sich in der Stadt, wie er der Presse damals mitteilte, „absolut unwohl", die Verbindung zu seinem Kiez war jedoch eng und riss über die Jahre nie ganz ab. Wenn er heute in Berlin ist und der Zeitplan es gestattet, lässt er sich in einer Limousine durch die Hauptstraße chauffieren, um die Hausnummern 155 bis 157 im Schritttempo zu passieren.

In der Hauptstraße 157 befand sich mit dem legendären „Anderen Ufer" das stadtweit erste Café, das sich offen an ein homosexuelles Publikum wandte und in dem Bowie ein gern gesehener Gast war. Eines Nachts hörte er Glas splittern, eilte aus seiner Wohnung hinab in das Lokal und überreichte dem Wirt ein paar Geldscheine, damit dieser die Fensterscheibe ersetzen konnte, die ein Betrunkener eingeworfen hatte – womöglich um seine Antipathie zum Ausdruck zu bringen. Als Bowie der Mauerstadt den Rücken kehrte, hinterließ er ihr mit dem Song „Heroes" aus dem gleichnamigen Album nicht nur eine Hymne über Menschen, die sich an der Mauer küssen, sondern auch den Soundtrack zum wohl einflussreichsten Heroinepos der Geschichte: Maßgeblich durch seine Musik gelang es dem Film „Wir Kinder vom Bahnhof Zoo" von 1981, Drogenelend gleichzeitig zu problematisieren und zu ästhetisieren.

Die Drogenszene und das Rotlichtmilieu zog es verstärkt in die Gegend, was dem Winterfeldtplatz in Kombination mit den vielen verwahrlosten Häu-

sern eine abgewrackte Atmosphäre verlieh und die Berliner Morgenpost dazu veranlasste, ihn 1978 zum „hässlichsten Platz Berlins" zu erklären. Für jemanden wie David Bowie war der Kiez rund um den Winterfeldtplatz von den Siebzigerjahren bis zum Mauerfall jedoch der „place to be". Nachtschwärmer, Bohemiens und Menschen, die nicht hundertprozentig in das heteronormative Raster passten, belebten die bis in den Morgen geöffneten Clubs und Kneipen. Die meisten der Institutionen des damaligen Nachtlebens gehören heute allerdings der Vergangenheit an. So etwa der Szeneclub „Dschungel", der sich vor seinem Umzug in die Nürnberger Straße, wo ihm Bowie in seinem Lied „Where Are We Now?" ein Denkmal gesetzt hat (Sitting in the Dschungel/On Nürnberger Strasse/A man lost in time/Near KaDeWe), an der Ecke Goltzstraße/Winterfeldtstraße befand. Dort residiert heute wiederum das nicht minder legendäre „Slumberland". Auch verschwunden sind die 1986 geschlossene Kneipe „Ruine", die sich in einem Abrisshaus in der Gleditschstraße befand, und die „Turbine Rosenheim" in der Eisenacher Straße, wo sich Loveparade-Gründer Dr. Motte als DJ um die Entwicklung des Techno verdient gemacht hatte.

Nach dem Mauerfall wanderte das Partyvolk allerdings nach Ost-Berlin ab. Es kehrte auch nicht mehr zurück, sehr zum Ärger der Anleger, die im neuen

Der Bahnhof Nollendorfplatz mit seiner markanten Kuppel von 2002, die in Anlehnung an das im Krieg zerstörte Original errichtet wurde.

Jahrtausend ihr Geld in den Versuch steckten, in dem pompösen Bau des ehemaligen Filmtheaters „Metropol" am Nollendorfplatz mit dem „Goya" eine Edeldiskothek mit Restaurant zu etablieren. Das „Goya" musste kurz nach Eröffnung zwar schon Insolvenz anmelden, hat sich mittlerweile jedoch gefangen und dient als exklusive Eventlocation.

Geblieben ist bis heute aber die Schwulen- und Lesbenszene, die vor allem die Ecke um die Motz- und Bülowstraße zum Regenbogenkiez machte. Schon in den Goldenen Zwanzigern hatte es mit Lokalen wie dem „Dorian Gray" und dem „Eldorado" eine homosexuelle Subkultur gegeben. Heute kann von „sub" keine Rede mehr sein, die Szene muss sich glücklicherweise nicht mehr verstecken. Ein Ausdruck dieses Selbstbewusstseins ist die Regenbogenstele des Berliner Künstlers Salomé aus dem Jahr 2000. Die viereinhalb Meter hohe Installation auf der Verkehrsinsel an der Einmündung der Motz- in die Kleiststraße (seit 2007 an dieser Stelle) kombiniert zwei Symbole miteinander: Auf dem Sockel mit Regenbogenflagge befindet sich eine rosa Spitze, die an den „Rosa Winkel" angelehnt ist, den Homosexuelle zur Zeit des Nationalsozialismus in Konzentrationslagern an ihrer Häftlingskleidung tragen mussten. Nach Worten der Initiatoren, einer

Vereinigung schwuler Wirte im Kiez, dem Regenbogenfonds, ist es „das erste Homodenkmal, das nicht an Opfer, Tod und Leid erinnert".

Vom Nollendorfplatz aus führt eine bei Spaziergängern beliebte Route, von den Einheimischen aufgrund der Kneipendichte scherzhaft „Trampelpfad" genannt, über die Maaßenstraße zum Winterfeldtplatz. Die Umgebung des Platzes hat sich seit den Siebzigerjahren stark verändert, denn etliche Altbauten wurden – allen Bemühungen der hier sehr aktiven Hausbesetzer zum Trotz – in den Achtzigerjahren abgerissen. Am nördlichen Ende der Goltzstraße blieb nur das Haus an der Ecke zur Winterfeldtstraße stehen, in dem sich das „Slumberland" befindet. Die östliche Seite des Platzes an der Gleditschstraße prägen zwei Bauten aus den Neunzigerjahren von dem Architektenpaar Hinrich und Inken Baller, die mit ihrem unverwechselbar organischen, an den Jugendstil erinnernden Aussehen sofort ins Auge fallen: das Wohnhaus Ecke Winterfeldtstraße und die Sporthalle der Spreewald-Grundschule mit einer Kindertagesstätte auf ihrem Dach. Die Halle entwickelte sich allerdings zur teuersten Turnhalle Berlins, denn schon kurz nach der Fertigstellung musste das Dach für eine Millionensumme geflickt werden, weil Wasser durchgekommen war.

Folgt man dem „Trampelpfad" weiter Richtung Süden, so erreicht man die Goltzstraße, die zusammen mit ihrer Fortsetzung südlich der Grunewaldstraße, der Akazienstraße, die Lebensader des Kiezes bildet. Hier reihen sich Cafés, Imbisse und Fachgeschäfte für schöne Dinge wie Bastelbedarf, Bücher, Wild und Wein nebeneinander. Ein beliebter Treffpunkt in der Akazienstraße, um die sich eine Art „Kiez im Kiez" gebildet hat, ist das „Café Bilderbuch" mit seinen gemütlichen Sofas vor Bücherregalen in schummriger Atmosphäre. Manche Läden konnten sich nicht zwischen Geschäft und Gastronomie entscheiden und bieten daher beides an. So ist das „Café Sorgenfrei" in der Goltzstraße gleichzeitig auch Fachgeschäft für Gegenstände aus den Fünfziger- und Sechzigerjahren – naturgemäß handelt es sich um gebrauchte Ware.

Vor dem grauen Bauwerk des „Goya" steht die bunte Regenbogenstele von Salomé.

Das „Café Sorgenfrei", ein ehemaliger Fleischerladen in der Goltzstraße, besticht durch sein charmantes Interieur.

Während Bewohner und Gewerbetreibende in der südlich des Winterfeldtplatzes gelegenen Gegend recht zufrieden mit ihrer Situation sind, macht sich in der äußerst belebten Maaßenstraße Unmut über den vor allem nächtlichen Straßenlärm breit. Um die Lärmquelle, nämlich zu schnelles Autofahren, unter Kontrolle zu bekommen, soll die Straße schon ab 2014 zu einer „Begegnungszone" umgestaltet werden. Abweichend vom niederländischen Modell werden Fußgänger, Radfahrer und Automobilisten aber nicht gleichberechtigte Verkehrsteilnehmer sein, denn das lässt die Straßenverkehrsordnung nicht zu, nach der der Autoverkehr Vorrang hat. In der Schweiz sind die Verkehrsteilnehmer nicht nur gleichberechtigt, hier haben die Fußgänger Vorrang. In der Maaßenstraße hingegen wird man wohl allenfalls eine Tempo-20-Zone einführen und die Fahrbahn verschmälern. Was

mit dem gewonnenen Platz geschehen soll, ist noch nicht ganz klar, noch mehr Außengastronomie will außer den Wirten aber eigentlich niemand.

Auch der Winterfeldtplatz hat ein Lärmproblem, aber nur mittwochs und samstags. An den Markttagen preist nämlich der Blumenhändler Rudi Kalupa, auch „Rosen-Rudi" genannt, seine Waren an, allerdings als bezirksweit bekannter Marktschreier einige Dezibel lauter, als es die Behörden erlauben. Vom Markt am nahen Wittenbergplatz wurde er deshalb schon einmal für ein Jahr verbannt, am Winterfeldtplatz muss ihn die Marktleiterin gelegentlich um Ruhe bitten, wenn sich Anwohner beschweren. Dabei ist der Markt an diesem Ort tief verwurzelt: 1890 wurde der Winterfeldtplatz als Marktplatz angelegt, als rundherum noch Felder waren. Es handelt sich somit um den ältesten noch aktiven Marktstand-

1 Kiezalltag in der Goltzstraße

2 Die Kiezinstitution „Slumberland" in der Goltzstraße/Ecke Winterfeldtstraße

3 Den historischen „Kinderbrunnen" am Barbarossaplatz zieren acht rekonstruierte Kinderfiguren, deren Originale im Krieg eingeschmolzen worden waren.

1

2

3

Markt am Winterfeldtplatz, dahinter ein von Hinrich Baller entworfenes Haus

ort Berlins. Während heute neben Blumen vor allem Lebensmittel den Besitzer wechseln, handelte man in früheren Jahrzehnten auch mit verschiedensten Haushaltswaren, unter anderem auch mit feinem märkischem Sand. Den kauften damals die Dienstboten, um die Parkettböden ihrer Herrschaften zu scheuern.

Ja, die Schöneberger Bauern verdienten glänzend an der Stadt, die Ende des 19. Jahrhunderts auf ihrem Boden entstand. Was der Verkauf ihrer Äcker einbrachte, lässt sich heute noch am südlichen Rand des Kiezes erahnen. Schlendert man die Hauptstraße zwischen Eisenacher Straße und Dominicusstraße entlang, wo sich der schmale grüne Mittelstreifen zum historischen Dorfanger weitet, so fällt der Blick auf eine Handvoll repräsentativer Villen, die sich die zu Geld gekommenen Landwirte im alten Ortskern errichten ließen.

Ihre ersten Felder wurden die örtlichen Bauern aber schon im späten 17. Jahrhundert los. Auf einer Fläche unweit des Winterfeldtplatzes, die heute von Grunewaldstraße, Potsdamer Straße, Pallasstraße

und Elßholzstraße begrenzt wird und damals noch ein Hopfenfeld war, ließ der „Große Kurfürst", Friedrich Wilhelm von Brandenburg, einen Hof- und Küchengarten anlegen. 1718 wurde das Areal erstmals „Botanischer Garten" genannt, der sich zunehmend zur wissenschaftlichen Forschungsstätte entwickelte. 1897 begann der mehrjährige Umzug des Botanischen Gartens nach Dahlem, weil der Platz nicht mehr für die vielen Pflanzen ausreichte, die aus den deutschen Kolonien mitgebracht wurden. Bebauen oder als Freifläche erhalten? Diese heute in Zusammenhang mit dem Gelände des ehemaligen Flughafens Tempelhof geführte Diskussion wurde früher auch schon in Schöneberg geführt. Auch die damalige Lösung kommt einem bekannt vor. Sie erinnert an das, was die Landesregierung heute mit dem Flughafengelände vorhat: Die Ränder des alten Botanischen Gartens wurden zur Bebauung freigegeben, in der Mitte entstand eine nach Heinrich von Kleist benannte Grünfläche, die 1911 an dessen 100. Todestag eingeweiht wurde.

Von 1909 bis 1913 entstand am westlichen Rand ein Neubau für das Berliner Kammergericht. Dieses Gericht, das in anderen Bundesländern schlicht „Oberlandesgericht" heißt, wurde schon 1468 erstmals urkundlich erwähnt und ist damit das mit Abstand älteste noch tätige Gericht in Deutschland. Der Beginn des Ersten Weltkriegs verzögerte allerdings die komplette Fertigstellung der detailgenauen neobarocken Innengestaltung des Neubaus, sodass der Kaiser erst 1917 dazu kam, den im großen Plenarsaal eigens für ihn über einem Kaminvorsprung errichteten prunkvollen Zuschauerbalkon zu nutzen – viel dürfte Wilhelm II. von ihm jedoch nicht gehabt haben, da ein Jahr später schon das Ende des Kaiserreichs besiegelt war. Zwischen 1944 und 1945 hielt hier der sogenannte Volksgerichtshof

4 Cafés und kleine Läden in der Goltzstraße

5 Im „Havanna" in der Hauptstraße wird Salsa getanzt.

6 Eines von vielen Fachgeschäften in der Goltzstraße

4

5

6

» Dieses Haus, in dem wir seit 2009 unseren Schokoladenladen haben, wurde 1890 gebaut, ab 1892 war eine Apotheke drin. Der letzte Apotheker, von dem ich die Räumlichkeiten übernommen habe, hat nach 45 Jahren keinen Nachfolger gefunden. Viele hat sicherlich der Denkmalschutz für die Inneneinrichtung abgeschreckt. Die Schränke, die alten Regale und die Tresen mit den Marmorplatten gehören zur Originaleinrichtung. Für mich war dieses Ambiente aber der Grund hier einzuziehen. Die Anwohner haben

aufgepasst wie die Schießhunde, dass wir hier nichts rausreißen, haben uns gleichzeitig aber sehr herzlich begrüßt. Der Laden wurde sofort angenommen. Das Schokoladenbusiness ist ein Business der Quereinsteiger, ich selbst komme eigentlich vom Theater. Und was die Kundschaft angeht: Es gibt keinen typischen Schokoladenkäufer, die Liebe zur Schokolade geht durch alle Schichten und Berufsgruppen. Geschmacksnerven hat schließlich jeder.

Natascha Kespy, Inhaberin von „Winterfeldt Schokoladen" in der Goltzstraße

unter Leitung von Roland Freisler Schauprozesse gegen Beteiligte des gescheiterten Attentats auf Adolf Hitler vom 20. Juli 1944 ab. Nach der deutschen Kapitulation tagte bis 1948 in dem Gebäude der Alliierte Kontrollrat und bis 1990 war hier die Alliierte Luftsicherheitszentrale untergebracht. Seit der Wende ist es wieder Sitz des Kammergerichts.

Am östlichen Rand des Parks steht an der Potsdamer Straße das erste Hochhaus Berlins, entworfen von Bruno Paul im Stil der Neuen Sachlichkeit, in das nach seiner Fertigstellung 1930 die Verwaltung des Malzkaffee-Erzeugers „Kathreiner" zog, der den Bau auch in Auftrag gegeben hatte. In den vergangenen Jahrzehnten residierte hier bis 2008 unter anderem der Berliner Verfassungsschutz. Die Baugenehmigung für das nördlich des Parkeingangs gelegene „Kathreiner-Haus" war eigentlich an die Bedingung

geknüpft, spiegelbildlich auf der südlichen Seite ein weiteres Gebäude zu errichten, was die Weltwirtschaftskrise von 1929 jedoch verhinderte. Daher entstand der Block Potsdamer Straße 188–192 erst 1938/39 im Rahmen von Albert Speers „Germania"-Planung als imposanter Sitz für die Reichsautobahnverwaltung und die Hauptvereinigung der Deutschen Milchwirtschaft. Nach Kriegsende übernahm die BVG (Berliner Verkehrsbetriebe) dieses Gebäude als Zentrale, bezog dann aber im Jahr 2008 schicke Bürotürme in Mitte, die Trias-Tower, für eine stolze Jahresmiete von drei Millionen Euro. Generationen von Schwarzfahrern, die zur Bußgeldstelle am Kleistpark pilgern mussten, dürfte beim Anblick des Hauses in der Potsdamer Straße, in dem nun die Hochschule der populären Künste residiert, heute noch ein kalter Schauer über den Rücken laufen.

7 Hübsch bepflanzter Balkon in der Frankenstraße

8 Der kleine Ladenbereich des „Café Sorgenfrei" mit allerlei zum Verkauf stehenden Gegenständen aus den Fünfziger- und Sechzigerjahren.

9 Gemüse- und Obststand auf dem Winterfeldtmarkt

7

8

9

Victoriastadt

Denkmalgeschütztes Eckhaus an der Kaskelstraße/Pfarrstraße

Die Filmkulissen haben ausgedient

Berlins einziger nach einer ausländischen Monarchin benannter Kiez ist heute nicht mehr Drehort von Armutsdramen, sondern Spielwiese für neu zugezogene Familien.

Später Vormittag auf der Kaskelstraße zwischen Kernhofer Straße und Pfarrstraße: Ein junger Vater sitzt mit einem Säugling im Arm vor einer Eis-diele in der Sonne und grüßt einen vorbeifahrenden Radfahrer. „Sag mir noch einmal deine E-Mail-Adresse", ruft er ihm zu. „Thomas ätt …", antwortet der andere, der Rest geht in dem Geräusch unter, den die Fahrradreifen auf dem Kopfsteinpflaster erzeugen. Das war es auch schon an Verkehrslärm, denn es geht beschaulich zu auf der Kiezmagistrale, die sich quer durch das Viertel zieht. Wobei das natürlich eine Frage der Perspektive ist. Die zwei Angestellten des Bioladens auf der gegenüberliegenden Straßenseite wirken ganz schön gestresst – auch ohne Kundschaft. Das „Wurzelwerk" passt als nichtkommerzielles Projekt, als eine als Verein organisierte Einkaufsgemeinschaft hervorragend in das stattliche Eckhaus mit der Hausnummer 16, dessen bröckelnde Fassade für eine pittoreske Atmosphäre sorgt. Doch dieser Gründerzeitbau, der einem Fotoalbum über den Prenzlauer Berg in den Jahren nach der Wende entnommen sein könnte, ist eines der letzten unsanierten Gebäude im Kiez.

Die auch als Kaskelkiez bekannte Victoriastadt, die aus der Vogelperspektive die Form eines Auges aufweist, befindet sich wie eine Insel inmitten von Bahnanlagen. Sie wird vom Durchgangsverkehr nur gestreift, liegt aber dennoch verkehrsgünstig. Zu den S-Bahnstationen Ostkreuz, Rummelsburg und Nöldnerplatz sind es nur wenige Minuten zu Fuß. Gleichzeitig hat der Kiez durch seine teilweise sehr kurzen Straßen Kleinstadtcharakter. Kein Wunder, dass die Gegend in den letzten Jahren vor allem für Familien an Attraktivität gewonnen hat, denen der Prenzlauer Berg zu teuer und Friedrichshain zu laut und schmutzig geworden ist. Etwa die Hälfte der rund 3600 Einwohner zog erst nach 2006 in den Kiez. Nie war die Victoriastadt in ihrer 140-jährigen Geschichte so populär wie heute.

Zu DDR-Zeiten wurden hier Menschen einquartiert, die man sonst nirgendwo in der Stadt haben wollte. Entlassenen Häftlingen aus dem nahen Gefängnis Rummelsburg, das seinen Spitznamen „Hildesheim" der berüchtigten Justizministerin Hilde Benjamin verdankte, wurden heruntergekommene, im Krieg zerstörte und nie richtig wiederaufgebaute Häuser in der Pfarrstraße zugewiesen. Ähnlich erging es auch den Sinti und Roma, die – anders als die Sorben – als Minderheit offiziell gar nicht anerkannt und in das Viertel abgeschoben wurden. Die ärmliche Kulisse des Kiezes veranlasste die DEFA, die volkseigene Deutsche Film AG, hier gut ein Dutzend Filme zu drehen, die im proletarischen Milieu der Vorkriegszeit

spielten – so auch der Musical-Film „Zille und ick" über den bekannten Kiezbewohner und sozialkritischen Zeichner Heinrich Zille anlässlich seines 125. Geburtstags. Im Zuge der 750-Jahr-Feier 1987 besann sich Ost-Berlin wieder der Victoriastadt und plante eine Sanierung des Kiezes. Steter Geldmangel verzögerte allerdings die Umsetzung – zum Glück, sollten doch ganze Häuserzeilen zum Abriss freigegeben werden.

1990 zogen „Instandbesetzer" in mehrere verwahrloste Häuser in der Pfarrstraße und Kaskelstraße und verhinderten damit größeren Schaden. Für zwölf der Häuser konnten die Besetzer Miet-

Die sogenannten Hartungschen Säulen einer ehemaligen Eisenbahnbrücke stehen heute auf einer Grünfläche an der Ecke Stadthausstraße/Türrschmidtstraße.

verträge aushandeln, die anderen räumte die Polizei, zuletzt 1998 das Haus Pfarrstraße 104. Die ehemals besetzten Häuser erstrahlen heute im Glanz ihrer sanierten Fassaden, keines wurde abgerissen.

Zur Wendezeit standen vor allem im nördlichen Teil der Pfarrstraße die meisten Wohnungen leer. Neben dem niedrigen Komfort, den die Häuser mit Außentoiletten, Ofenheizungen und oftmals fehlenden Bädern boten, spielte der Zusammenbruch der benachbarten Industrie eine Rolle beim Wegzug

Blick auf die Kaskelstraße, die Lebensader des Kiezes

1 Eckhaus am Tucholla-platz

2 Gebäude der ehemaligen Knorrfabrik, in dem heute die Deutsche Rentenversicherung sitzt

3 Blick über den Tucholla-platz, der schon immer ein Marktplatz war und früher Victoriaplatz hieß

der Bewohner. Das Berliner Bremsenwerk, vormals bekannt als Eisenbahnbremsenfabrik Knorr, stellte den Betrieb ebenso ein wie das Bahnbetriebswerk am Bahnhof Lichtenberg, das zu DDR-Zeiten bei Eisenbahnnostalgikern aus dem Westen beliebt war, weil dort zahlreiche Dampflokomotiven in Betrieb zu bestaunen waren. In der ehemaligen Knorrfabrik residiert heute die Deutsche Rentenversicherung, in den Lokschuppen haben sich Künstlerateliers

eingerichtet. Mit deutlich mehr als einer Galerie je tausend Einwohner hat der Kunsthandel inzwischen eine wichtige Rolle im Wirtschaftsleben der Victoriastadt eingenommen, ohne jedoch ausgleichen zu können, was dem Kiez in den letzten zwei Jahrzehnten an Geschäften abhandengekommen ist. Mehr als unter der realsozialistischen Obrigkeit, die das Streben nach ökonomischem Profit misstrauisch beäugte, hatten die kleinen Gewerbetreibenden im Viertel unter dem zwischenzeitlichen Bevölkerungsrückgang und den Konzentrationsprozessen im Einzelhandel zu leiden.

Neben einigen neuen Geschäften wie dem Fahrradladen und dem Espressomaschinenreparaturdienst, die sich unter den leer stehenden Gewerbeflächen die besten heraussuchen konnten, erkannte auch ein alteingesessenes die Zeichen der Zeit: Das ehemalige Lebensmittelgeschäft Ruder sattelte in den Neunzigerjahren auf Küchen und Hausgeräte um und expandiert seither. Für die drei Fleische-reien, die zu Ostzeiten noch die Bevölkerung im Kiez sowie die Werktätigen der nahe gelegenen Betriebe versorgten, wird es kein Comeback mehr geben. Dasselbe gilt für das Vieh, das noch viel früher in vielen Höfen der Victoriastadt gehalten wurde. Dort, wo kein Stall im Hof stand, hatten sich kleine Gewerbe und Einzelhändler niedergelassen. Allein die Nöldnerstraße, die zwar außerhalb der Bahntrassen und damit auch außerhalb des Kiezes liegt, mit ihm aber eng verbunden ist, beherbergte innerhalb einer Häuserzeile eine Melkerei, eine Kühleisfabrik, einen Sarghersteller sowie eine Schrotkugelfabrik. Letzterer verdankt die Victoriastadt ihr Wahrzeichen: den Schrotkugelturm. Von seiner obersten Etage ließ man bis 1939 geschmolzenes Blei in ein Auffangbecken fallen, um Gewehrkugeln zu gewinnen. Der denk-

1

2

3

>> Bevor ich 2010 meinen Traum von einer kleinen Manufaktur für Eis und Schokolade verwirklicht habe, arbeitete ich für eine Dinner-Show. Auf der Suche nach einem geeigneten Ort für mein Vorhaben landete ich im Kaskelkiez. Eine Freundin, die hier seit einiger Zeit eine Keramikwerkstatt betreibt, meinte, ich soll doch erstmal hier meinen Eisladen eröffnen, weil in den letzten Jahren viele Familien mit Kindern zugezogen sind. Das habe ich dann auch gemacht. Im Sommer gibt es jetzt täglich frisches Eis und im Winter handgefertigte Trüffel, Pralinen und Gebäck. Alles selbst hergestellt mit Lust und Leidenschaft! In einer kleinen

Hofbackstube backe ich zweimal in der Woche ganz traditionell frisches Brot. Oft lasse ich mich auch von den Gästen inspirieren, probiere neue Eissorten aus und schaue, was der Obstgarten saisonal so hergibt. Besonders viel los ist zwischen 15 und 18 Uhr, wenn die Kinder aus der Kita oder Schule kommen. Am Wochenende ist es eher ruhig, weil viele Anwohner Ausflüge unternehmen und erst am Sonntagabend wieder vorbeischauen. Touristen findet man dagegen kaum, da die Victoriastadt eher ein Wohnkiez ist.

Steffen Winkel, Inhaber der „SchokoLadenEis-Manufaktur" in der Kaskelstraße

malgeschützte Turm, der seit seiner Sanierung wieder bestiegen werden kann und einen schönen Blick auf den Kiez gestattet, lässt sich vor allem vom Tuchollaplatz aus gut sehen. Auf dem im östlichen Teil des Kiezes gelegenen Platz findet ein Wochenmarkt statt, der mit einem Verkaufsstand für frische handgemachte Pasta von der aufstrebenden Mittelschicht zeugt, die den Kiez zunehmend für sich entdeckt.

Der Tuchollaplatz trug, bevor er nach den kommunistischen Widerstandskämpfern Käthe und Felix Tucholla benannt wurde, die im Nationalsozialismus hingerichtet wurden, den Namen der englischen Königin Victoria. Die Bauherren, die Fabrikantenbrüder Albert und Anton Lehmann, wollten damit ihre engen Geschäftsbeziehungen zum Inselreich dokumentieren. Ihre Berliner Cement Bau AG schrieb Geschichte, indem sie erstmals für

den Häuserbau ein Betongemisch aus Sand, Zement und Schlacke verwendete und ab 1872 in der Victoriastadt ungefähr 60 Betonhäuser errichtete, die äußerlich nicht von den damals üblichen Ziegelbauten zu unterscheiden waren. Mit Sicherheit lassen sich heute nur noch sechs der Betonbauten belegen, darunter die denkmalgeschützten Häuser in der Türrschmidtstraße 17, Spittastraße 40 und Nöldnerstraße 19. Das Haus in der Pfarrstraße 90 gehört sehr wahrscheinlich nicht dazu, ebenso wenig der Verschlag im Hof, sind doch die unverputzten Ziegelsteine gut zu erkennen. Hier stellen Lukas von Schwanenflügel und Clara Louise Lerch Möbel und Wohnaccessoires her – aus Beton, ohne die Beimischung von Schlacke. Von der Betongeschichte des Kaskelkiezes hatten sie allerdings keine Ahnung, als sie vor wenigen Jahren ihre Werkstatt gründeten.

4 Behutsam saniertes Gründerzeithaus in der Pfarrstraße

5 Cafés und Läden auf der Kaskelstraße

6 Häuserzeile in der Splittastraße

7 Ehemaliges Verteilerhäuschen auf dem Tuchollaplatz, das manchmal sogar Kunst ausstellt

4

5

6

7

Helmholtzkiez

Der Spielplatz mit Piratenschiff auf dem Helmholtzplatz ist wohl der Traum eines jeden Kindes.

Familien und Freigeister unter sich

In der beliebten Wohngegend zwischen Schönhauser Allee, Prenzlauer Allee, Danziger Straße und Ringbahn hatte man von jeher einen eigenen Kopf, auch wenn es der Obrigkeit nicht passte.

Wohin mit den Kindern, wenn Regenwetter die Spielplätze in Schlammgruben verwandelt hat?

Das Café „Kiezkind" bietet eine Lösung in Form eines Innensandkastens an. Selbstverständlich beheizt. Mit reichlich Spielzeug, einem Wickeltisch und einer alkoholfreien Getränkekarte hat sich das Café in dem ehemaligen Trafohäuschen am Helmholtzplatz perfekt auf die Zielgruppe eingestellt, die im Kiez unübersehbar ist: junge Familien.

Ein regelmäßig stattfindender Kinderflohmarkt ausgerechnet hier? Mitte der Neunzigerjahre hätte man sich bei dieser Vorstellung noch verwundert die Augen gerieben. Damals hatte die Polizei den Helmholtzplatz als „gefährlichen Ort" eingestuft, denn neben einer aggressiven Trinker- und Hundehalterszene tummelten sich hier Drogendealer. Eigentlich eine konsequente Standortwahl, trägt der südliche Teil des Kiezes schließlich den Namen LSD-Viertel – abgeleitet von den Anfangsbuchstaben der Lychener Straße, der Schliemannstraße und der Dunckerstraße, die in nordsüdlicher Richtung parallel zueinander verlaufen. Auch schon vor der Wende blickte die Obrigkeit mit Argusaugen auf den Helmholtzplatz. In den Achtzigerjahren erfreute sich der damals ziemlich verwahrloste Platz bei Schach- und Skatspielern größter Beliebtheit. Natürlich gab es im Prenzlauer Berg zu dieser Zeit subversivere Betätigungen als Brett- oder Kartenspiele. Als sich aber herumgesprochen hatte, dass hier regelmäßig um größere Geldbeträge gespielt wurde, versuchte die Ost-Berliner Volkspolizei dies mit regelmäßigen Kontrollen zu unterbinden.

Wesentlich ärgerlicher dürften aus Sicht der Staatsmacht aber die Dissidenten gewesen sein, deren Treiben sie hier wie auch in anderen Vierteln des Prenzlauer Bergs nie gänzlich kontrollieren konnte. In die heruntergekommenen Häuser des größten zusammenhängenden Altbaugebiets Europas mit den unübersichtlichen Hinterhöfen hatte es Aussteiger und Systemskeptiker aus der ganzen Republik gezogen. Einer ihrer Anlaufpunkte war der Helmholtzkiez, und dort die Gethsemanekirche in der Stargarder Straße, die als Wiege der Friedlichen Revolution gilt. Unter ihrem Dach tagten Friedens- und Frauengruppen wie der „Arbeitskreis Homosexuelle Selbsthilfe – Lesben in der Kirche", zeitweise auch der „Arbeitskreis Staatsbürgerrecht", der sich mit Fragen rund um die Ausreise aus der DDR beschäftigte. Im September 1987 zogen rund 1000 Oppositionelle in der ersten legalen Demonstration seit 1953 von der Zionskirche in der Rosenthaler Vorstadt zur Gethsemanekirche,

ohne dass die Sicherheitskräfte einschritten. Im Mai 1989 fanden in der Kirche im Helmholtzkiez Protestveranstaltungen gegen die durch unabhängige Bürgergruppen aufgedeckte dreiste Fälschung der Kommunalwahlen statt, und vier Monate später stellte Bärbel Bohley hier das Programm des jüngst gegründeten Neuen Forums vor. Als Anfang Oktober 1989 die Gemeinde ihre Räume einer ständigen Mahnwache zur Verfügung stellte, die sich gegen die Festnahme und Misshandlung von Demonstranten durch die Polizei richtete, war dies insofern bemerkenswert, als dass mit Ausnahme der Zionskirche keine andere Ost-Berliner Kirchengemeinde dazu bereit war.

Die Gethsemanegemeinde war nicht die erste Gemeinde im Kiez, unter deren Dach sich Freigeister trafen. Nördlich der in den 1820er-Jahren entstandenen Danziger Straße – damals als Feldweg zwischen Schönhauser und Prenzlauer Allee schlicht „Communication" (Verbindung) genannt – erhielt

Außenbereich eines Cafés am Helmholtzplatz/Ecke Dunckerstraße

die Deutsch-Katholische Gemeinde, aus der wenig später die Freireligiöse Gemeinde Berlin hervorging, 1847 in dem noch unbebauten Gebiet von einem Gutsbesitzer ein Grundstück zwischen der heutigen Pappelallee und der Lychener Straße, das sie als Friedhof nutzte. Das zu Beginn desselben Jahres erlassene preußische Toleranzedikt hatte ermöglicht, dass sich die reformorientierte Gemeinde von der katholischen Kirche abspalten konnte, wenn dies auch mit bürokratischen Schikanen verbunden war. Die Freireligiöse Gemeinde bot all jenen eine Heimat, die, von den Idealen der Aufklärung im Allgemeinen und von dem Philosophen Ludwig Feuerbach im Besonderen inspiriert, Gott als ein Produkt menschlicher Wünsche verstanden. Die humanistische Bewegung gewährte auch Ungläubigen eine würdige letzte Ruhestätte. Zu ihren Anhängern zählten viele Aufrührer der Revolution von 1848, so auch der als Barrikadenkämpfer vom Alexanderplatz bekannt gewordene Tierarzt Friedrich Ludwig Urban, an den heute eine Gedenktafel an der Friedhofsmauer erinnert. Später wurden hier unter anderem der Stenografie-Pionier Heinrich Roller

und der Mitbegründer der SPD-Parteizeitung „Vorwärts", Wilhelm Hasenclever, bestattet. Das wohl größte Begräbnis erlebte der Friedhof 1894, als 45 000 Menschen der durch die Verfolgung durch die Staatsgewalt in den Selbstmord getriebenen Gewerkschafterin und Frauenrechtlerin Agnes Wabnitz das letzte Geleit gaben.

Angesichts ihrer freiheitlich liberalen Ausrichtung und ihres politischen Engagements war es kein Wunder, dass die Nationalsozialisten 1934 die Freireligiöse Gemeinde auflösten, das Gelände beschlagnahmten und es als städtischen Friedhof nutzten. Die DDR-Behörden ließen später die Freireligiösen nicht wieder als Gemeinde zu – ein Akt der Undankbarkeit, verdankte die DDR der Bewegung doch eines ihrer wichtigsten Rituale: die Jugendweihe. Als überzeugte Verfechter einer konsequenten Trennung von Kirche und Staat hatten die Freireligiösen dieses Initiationsfest der Arbeiterbewegung entwickelt. Bis 1970 fanden auf dem Grundstück Beerdigungen statt, seit 1995 ist die rund 6000 Quadratmeter große Fläche ein öffentlicher Friedhofspark. Der Park erfährt so großen

Die gemütliche Buchhandlung „Shakespeare & Sons" mit angegliedertem Café in der Raumerstraße hat vor allem englische und französische Bücher im Angebot..

Zuspruch, dass sich die Freireligiöse Gemeinde, die das Gelände 1998 zurückerhalten hatte, dazu genötigt sah, die Besucher des Gartendenkmals in Form von Schildern auf ein paar Regeln hinzuweisen: Grabsteine und Bäume dürfen nicht erklommen, Pflanzen nicht herausgerissen werden. Anders als noch in den ersten Jahren nach der Eröffnung des Parks sind Kindergeburtstagsfeiern und Grillfeste nicht mehr gestattet, der Spielplatz aber durfte bleiben.

Auch für die andere öffentlich zugängliche Grünanlage im Kiez, den Helmholtzplatz, gilt, dass er ursprünglich nicht als solche geplant war. Die Fläche zwischen Raumerstraße und Lettestraße war früher ein Fabrikgelände, das über

Nicht nur die Anwohner, auch die Läden richten sich schön im Kiez ein, wie der dekorierte Gehweg auf der Pappelallee zeigt.

ein Industriegleis mit der Ringbahn verbunden war. Als in den 1870er-Jahren der benachbarte Kollwitzkiez bebaut wurde – gut ein Jahrzehnt vor dem Helmholtzkiez –, stand hier noch eine Ziegelei mit einem großen Ringofen. Bis zur Danziger Straße erstreckten sich die Schuppen, in denen die Ziegel zum Trocknen lagerten. Infolge des sogenannten Gründerkrachs von 1873 ging der wichtigste Bauherr der Gegend, der Deutsch-Holländische Actien-Bauverein, dem ein Großteil des Landes zwischen Schönhauser und Prenzlauer Allee gehörte, wenige Jahre später pleite. Daraufhin wurde die Ziegelei stillgelegt. Den Schornstein auf dem Helmholtzplatz sprengte 1885 das Militär, das an solchen Übungsobjekten stets seine Freude hatte. Zehn Jah-

re lang machte sich niemand die Mühe, die Ruinen der Ziegelei abzutragen – auch dann nicht, als man beschloss, aus der Brache eine Grünanlage zu machen. Die Überreste des Ringofens wurden lediglich zugeschüttet, weshalb der Helmholtzplatz heute rund drei Meter oberhalb der ihn umgebenden Straßen liegt. Was auf den ersten Blick nach typischer Berliner Schlamperei aussieht, hat auch eine gute Seite: Archäologen der nächsten Generationen könnten hier interessante Funde machen. Heinrich Schliemann, Namenspate der durch den Helmholtzplatz unterbrochenen Straße, hätte als Wegbereiter der modernen Archäologie sicher Spaß daran.

Ganz ohne Spateneinsatz lässt sich in der Dunckerstraße 77 Geschichte aus der Gründungszeit

1 Kinderflohmarkt auf dem Helmholtzplatz

2 Eigenwillige Hausdekoration: Eine blaue Schafsfigur auf einem Balkon in der Raumerstraße

3 Flohmarktstand vor dem Café „Kiezkind" am Helmholtzplatz

4 Die aufgrund ihrer bewegten Vergangenheit bekannte Gethsemanekirche in der Stargarder Straße

1

2

3

4

des Kiezes erleben. In der ersten Etage des Vorder-
hauses befindet sich eine kleine Wohnung, die in
Diele, Stube, Kammer und Küche die Einrichtung
aus der Zeit des Erstbezugs zeigt. Das in der Dauerausstellung „Zimmermeister Brunzel baut ein
Mietshaus. Bauen und Wohnen in Prenzlauer Berg
um 1900" vorgeführte Interieur stammt nicht aus
den proletarischen Behausungen der Hinterhöfe,
sondern zeugt von dem aufstrebenden Kleinbür-
gertum, das so sehr auf die Wirkung nach außen
bedacht war, dass es hierfür Einschränkungen im
Wohnen hinnahm, die heutzutage absurd erscheinen: Die gute Stube hatte die Bezeichnung „kalte
Pracht", weil sie nur geheizt wurde, wenn sich Besuch angekündigt hatte. Der schöne deckenhohe
Kachelofen kam also nur selten zum Einsatz. Auch
das pompöse Sofa und die Stühle mit den gefloch-
tenen Sitzflächen wurden geschont. Das tägliche
Leben, also Kochen, Essen, Baden und Schlafen,
spielte sich in Küche und Kammer ab. Um die
Illusion perfekt zu machen, klebte der Seniorentreff „Herbstlaube", der das Museum ehrenamtlich
betreut, das Küchenfenster mit einer Fototapete
zu. Hierdurch lässt sich der historische Ausblick
genießen.

Die Bebauung der Höfe mit Seitenflügeln und
Quergebäuden ist im Wesentlichen erhalten geblieben, denn die DDR-Stadtplaner kamen nicht
mehr dazu, nur die Vorderhäuser stehen zu lassen
und den Innenraum der Blöcke mit Plattenbauten
zu füllen. Der rund 84 Hektar große Kiez gehört
mit rund 21 500 Einwohnern in etwa 13 700 Wohnungen – das ergab eine Erhebung von 2012 –,
von denen etwa 600 seit Beginn der Sanierung
1993 neu entstanden sind, zu den besonders dicht
besiedelten Gebieten Berlins. Rund 75 Prozent der
Altbauwohnungen wurden seither saniert, davon

ein gutes Viertel durch öffentliche Mittel. Da ein
Drittel der Wohnungen in Eigentum umgewandelt
worden ist, mehren sich die kritischen Stimmen,
die der Ansicht sind, dass der Senat sein Mitte der

Prächtig verzierte Altbauzeile in der Schliemannstraße

Achtzigerjahre gefasstes Ziel einer „behutsamen
Stadterneuerung", bei der auch gewachsene Sozial-
strukturen berücksichtigt werden sollten, verfehlt
hat. Von den Haushalten aus der Zeit, bevor der
Helmholtzkiez zum Sanierungsgebiet erklärt wurde, sind nur 13 Prozent übrig geblieben.

80 Prozent der Kiezbewohner sind berufstätig,
zwei Drittel besitzen einen akademischen Abschluss. Und während der Anteil von Menschen

5 Haus mit hübsch
bepflanzten Balkonen in
der Schliemannstraße

6 Blick auf die Pappelallee mit der Tram im
Hintergrund

7 Bunt bemalter
Hauseingang in der
Dunckerstraße

5

6

7

>> Die „Trödelei" ist ein ständiger Flohmarkt im Kiez. Privatpersonen und Kleingewerbetreibende mieten sich eine Verkaufsfläche. Die Leute lieben es, hier zu stöbern, zu wühlen und auf Entdeckungsreise zu gehen. Abgesehen von Spielzeug und Kinderbüchern, die immer gut gehen, kann man nicht sagen, welche Artikel besonders beliebt sind. Wir haben im Auftrag unserer Kunden schon alles Mögliche verkauft, von dem man nie gedacht hätte, dass es Käufer findet: ein Bondage-Set, Totenköpfe oder einen

Adventskalender im Juli. Anderes bleibt dafür erstaunlich lange hier, beispielsweise ein Paar tolle und preiswerte Prada-Lederschuhe. Das Schöne ist, dass das Sortiment ständig wechselt, da immer neue Mieter mit ihren Schätzen hinzukommen. Oft erzählen Verkäufer Geschichten zu bestimmten Produkten, was wir wiederum gerne an unsere Kunden weitergeben. Das Publikum ist so bunt gemischt wie auf einem Flohmarkt, was den Charme der „Trödelei" ausmacht. Für viele sind wir eine Art Kiez-Treffpunkt geworden.

Heide Williams und Martin Thiel, Betreiber der „Trödelei" in der Senefelderstraße

über 65 Jahre berlinweit bei 19 Prozent liegt, sind hier nur vier Prozent der Bewohner im Rentenalter. Der Kiez ist damit in den vergangenen zwei Jahrzehnten deutlich jünger und wohlhabender geworden – und auch eigensinniger. Nach Angaben des Pankower Gesundheitsamts leben rund um den Helmholtzplatz die meisten Impfverweigerer des Bezirks: Etwa 15 Prozent der Kinder sind nicht gegen Masern geimpft, sehr zum Ärger der sich den ärztlichen Weisungen beugenden Eltern anderer Kinder. Ein weiteres Streitthema sind die Parkplätze, denn die sind immer belegt, obwohl die Hälfte der Haushalte kein eigenes Auto besitzt. Nach mehreren Straßenumgestaltungen, die zu Lasten des ruhenden Verkehrs gingen – ein prominenter Fall war die Kastanienallee –, stand in jüngster Zeit besonders Pankows Baustadtrat Jens-Holger „Nilson" Kirchner von den Grünen bei einigen Gewerbetreibenden und Anwohnern in der Kritik. Kirchner lässt sich gern mit den Worten zitieren, er weigere sich, Häuser wegzusprengen, um Platz für Autos zu schaffen.

Auch der geplante Umbau der Pappelallee soll Parkplätze kosten, doch dies war nicht der wesentliche Grund, warum es im Herbst 2013 zu Bürger-

protesten kam. Vielmehr ging es um die Bäume. Das Bezirksamt gab bekannt, mehr als 50 altersschwache Bäume zu fällen, darunter auch Pappeln, die mit ihren Wurzeln die Straße und den Bürgersteig beschädigt hatten. Zum Ausgleich will das Amt zwar 90 neue Bäume pflanzen, allerdings keine Pappeln, die es für nicht straßenbaumtauglich hält, sondern Ahorn, Maulbeere oder Linde. Licht aus, Spott an: An die Spitze der widersprechenden „Wutbürger" stellte sich Schauspieler und Moderator Ilja Richter und warf Baustadtrat Kirchner vor, er würde, wenn er denn Venedig zu verwalten hätte, auch die dortigen Brücken abreißen.

Aber wie verwurzelt sind die Pappeln in der Pappelallee wirklich? Vermutlich wurden sie erstmalig in den Achtzigerjahren gepflanzt. Denn ihren Namen hat die Allee 1826 nicht wegen ihres Baumbestands erhalten. Er stammt von der sogenannten Einsamen Pappel, die früher auf einem nahe gelegenen Exerzierplatz stand, dem heutigen Friedrich-Ludwig-Jahn-Sportpark, und 1967 im für Pappeln biblischen Alter von mehr als 150 Jahren gefällt werden musste. Ihre Nachpflanzung, eine Schwarz-Pappel, ist heute in der Topsstraße am südlichen Rand des Sportparks zu bewundern.

Spandauer Vorstadt

Wie viele andere bekannte Marken ist Wolfgang Joops Modelabel „Wunderkind" im Kiez ansässig. Es wird in einer schicken Boutique in der Tucholsky-straße präsentiert.

Von Pogromen, Provisorien und Promis

Wer heute in dem Viertel zwischen Friedrich-straße, Spree, Torstraße und Karl-Liebknecht-Straße wohnt, tut dies gern und freiwillig. Das war nicht immer so.

Vergessen Sie den Ku'damm, vergessen Sie die Fried-richstraße, und vergessen Sie erst recht die Schloß-straße. Berlin hat eine neue Shoppingmeile, wenn

sie auch zunächst eher wie ein Shoppingmeilchen wirkt: Auf knapp 200 Metern reihen sich in der Mulackstraße zwischen Gormannstraße und Alte Schönhauser Straße ebenso kleine wie feine Bouti-quen aneinander, die Namen tragen wie „Butterfly Soulfire", „Schwarzhogerzeil", „Weißer Laden" und „World's End". Letztere ist ein Concept Store der le-gendären Modedesignerin Vivienne Westwood. Die

Läden verkaufen das, was die hipsten Größen der Modeszene gerade auf den Markt geworfen haben. Auch die heimischen Designer, auf die die Politik so stolz ist, da Berlin mittlerweile modetechnisch mit Mailand, London und Paris mithalten kann, sind in den Läden vertreten. Luxusmarken, die unübersehbar in den Shops der internationalen Flughäfen oder aber gleich um die Ecke in der Rosenthaler Straße angeboten werden, sind hier ebenso wenig gern gesehen wie die Massenware der Textildiscounter.

Wenn die Rollläden in dem beschaulichen Sträßchen heruntergelassen werden, wandert die anspruchsvolle Kundenkarawane weiter, zum Beispiel zur Torstraße. Diese laute und etwas schäbig anmutende Straße, die die Spandauer Vorstadt nach Norden hin begrenzt, hat sich in den letzten Jahren zu einer beliebten Adresse für Feinschmecker gemausert. Hier befinden sich das „Noto" (kurz für „North of Torstraße"), das „Themroc", das dem gleichnamigen französischen Anarcho-Kultfilm von 1973 mit Michel Piccoli in der Hauptrolle ein Denkmal gesetzt hat, und das „Bandol sur Mer", in dem das Glamourpaar Brad Pitt und Angelina Jolie in jener Zeit zu Gast war, als es sich für den Kauf einer Penthousewohnung in dieser Ecke interessierte. Die drei namhaften Restaurants liegen auf der nördlichen Seite der Torstraße – und damit genau genommen außerhalb der Spandauer Vorstadt. Doch welches Hindernis stellt schon eine sechsspurige Straße samt Tramtrassen in ihrer Mitte im Vergleich zu einer richtigen Mauer dar?

Von 1734 bis zum Beginn des Kaiserreichs, somit wesentlich länger als die Berliner Mauer, stand die Berliner Akzisemauer, die damals entlang der Torstraße verlief. Die zunächst aus Holzpfählen und später aus Stein bestehende Barriere hatte keinerlei militärische Bedeutung, es ging der preußischen Obrigkeit vielmehr darum, den Waren- und Personenverkehr zu kontrollieren. Die Wachen hatten vor allem die Aufgabe, Zölle einzukassieren und in Berlin stationierte Wehrpflichtige an der Fahnenflucht zu hindern. Wegen der fünf Maueröffnungen längs der heutigen Torstraße – Oranienburger Tor,

Hamburger Tor, Rosenthaler Tor, Schönhauser Tor, Prenzlauer Tor – trug ein Abschnitt des Straßenverlaufs auf der Außenseite der Mauer schon zwischen 1801 und 1873 den Namen Thorstraße, bevor diese sowie ihre Verlängerung, die Wollankstraße, im nationalen Taumel des Siegs über Frankreich in Elsasser und Lothringer Straße umbenannt wurden. 1951 erhielten beide Straßen den Namen des ersten Staatsoberhauptes der DDR, Wilhelm Pieck, bis sie 1994 schließlich zur Torstraße wurden.

Als die Akzisemauer fiel, hatte die Spandauer Vorstadt schon längst keinen Vorstadtcharakter mehr. Mitte des 19. Jahrhunderts siedelten sich 15 der damals 53 Berliner Maschinenbaufabriken rund ums Oranienburger Tor an. Aus einer Apotheke in der Chausseestraße entwickelte sich der Pharmakonzern Schering, nachdem ihr Besitzer, der Chemiker und Arzneimittelhersteller Ernst Schering, eine Fabrik für pharmazeutische Mittel

Amerikanische Feinkost in Berlin: „Barcomi's Deli" in den Sophie-Gips-Höfen in der Sophienstraße

gegründet hatte. Da der öffentliche Personennahverkehr zu Beginn der Industrialisierung noch nicht erfunden war, mussten die Arbeiter in der Nähe der Fabriken wohnen. Die Spandauer Vorstadt bot sich dafür an.

In dem mit zwei-, drei- und viergeschossigen Häusern dicht bebauten Viertel herrschte qualvolle Enge. Besonders ärmlich ging es östlich der Rosenthaler Straße zu. Dort standen im 17. Jahrhundert, außerhalb des Stadtgebiets und günstig gelegen durch die Nähe zum damaligen Viehmarkt am heutigen Alexanderplatz, die Scheunen, die man aufgrund der Feuergefahr durch die in ihnen gelagerten brennbaren Materialien nicht in der Stadt haben wollte. Bald gesellten sich Hütten und Häuser zu den Scheunen, vor allem nachdem der „Soldatenkönig“, Friedrich Wilhelm I., allen Berliner Juden, die kein eigenes Haus besaßen, befohlen hatte, sich dort niederzulassen. Im Scheunenviertel fanden auch zahlreiche Juden aus Russland und Polen Zuflucht, die ab Ende des 19. Jahrhunderts vor Pogromen fliehen mussten. Sie blieben oftmals aber nicht aus freien Stücken in der Stadt, wie Joseph Roth in seinem Essay „Juden auf Wanderschaft“ von 1927 beschrieb: „Berlin ist eine Durchgangsstation, in der man aus zwingen-

den Gründen länger verweilt. Hierher kommen die Emigranten, die über Hamburg und Amsterdam nach Amerika wollen. Hier bleiben sie oft stecken. Sie haben nicht genug Geld. Oder ihre Papiere sind nicht in Ordnung.“

Das Scheunenviertel war allerdings kein Ghetto. Es war ein Viertel, das von unterschiedlichsten Einflüssen geprägt war. Das Nachtleben lockte Menschen aus Berlin und Umgebung an. Die berüchtigtste Straße in den Zwanzigerjahren war die Mulackstraße. Und die berüchtigtste Spelunke fand sich in der Nummer 15 mit der „Mulackritze“, deren Besucher nicht unterschiedlicher hätten sein können. Neben gewöhnlichen Arbeitern und Schauspielern wie Claire Waldoff, Marlene Dietrich und Gustaf Gründgens trafen sich hier auch die aus entlassenen Strafgefangenen bestehenden sogenannten Ringvereine – gewissermaßen die Berufsverbände für Mitglieder der organisierten Kriminalität. An bestimmten Abenden erschienen Damen in Herrenkleidung und Herren in Damenkleidung, um das Abweichen von der Norm zu zelebrieren. Auch Heinrich Zille suchte mit seinem Zeichenblock das Lokal auf, wo ihn die oft freizügig bekleideten Anwesenden zu dem sozialkritischen Theaterstück „Hurengespräche“ inspirierten, das nach Veröffentlichung sogleich von der kaiserlichen Zensur verboten wurde. Im Obergeschoss befand sich eine Kammer, in der die zahlreichen Prostituierten und Strichjungen ihrer Arbeit nachgehen konnten. Die „Mulackritze“ hielt sich bis 1951, obwohl sie den Nationalsozialisten wegen ihrer homosexuellen, jüdischen und politisch andersdenkenden Gäste ein Dorn im Auge war und sie sich Razzien ausgesetzt sah. Kurz vor dem Abriss des kleinen Hauses rettete Charlotte von Mahlsdorf, Berlins bekanntester Transvestit, 1963 die Inneneinrichtung und brachte sie – Fuhre für Fuhre mit einem kleinen Handwagen – in ihr Gründerzeitmuseum im Gutshaus Mahlsdorf, wo sie heute noch zu sehen ist.

Den ursprünglichen Straßenverlauf des Scheunenviertels gibt es im Wesentlichen seit kurz vor dem Ersten Weltkrieg nicht mehr, als die Stadtverwaltung etliche verwahrloste Häuser abreißen ließ. Durch den

Nachtleben auf der Oranienburger Straße

Ein Geschäftsmann entspannt in seiner Mittagspause neben einem Brunnen in den liebevoll restaurierten Heckmannhöfen an der Oranienburger Straße.

Krieg wurde allerdings die komplette Umgestaltung der Gegend unterbrochen, sodass im westlichen Teil noch Altbauten übrig blieben. Der Name „Scheunenviertel" ist heute allerdings noch so gebräuchlich, dass er oftmals als Bezeichnung für die ganze Spandauer Vorstadt verwendet wird, also auch für die vornehmen Straßenzüge rund um die Oranienburger Straße, die mit dem historischen Scheunenviertel niemals etwas zu tun hatten. Dies ist vielleicht dem beliebten Veranstaltungsort „Kalkscheune" in der Johannisstraße zu verdanken, die als ehemalige Maschinenfabrik jedoch keine landwirtschaftliche Vergangenheit hat. Auch hatten die Nationalsozialisten jahrelang daran gearbeitet, das von Armut, Prostitution, Glücksspiel und Kleinkriminalität geprägte Bild des Scheunenviertels

auf die Gegend rund um die Sophienstraße, Auguststraße und Artilleriestraße (heute Tucholskystraße) zu übertragen, wo viele beruflich erfolgreiche, wohlhabende und assimilierte Juden wohnten: Dem Mord ging Rufmord voran.

1933 lebten in Berlin rund 170 000 Juden, im Frühjahr 1945 waren es 8000, die den Holocaust überlebt hatten – in Vernichtungslagern, in Verstecken oder durch sogenannte Mischehen. 1952 sank die Zahl der Juden in der gesamten DDR einschließlich Ost-Berlin sogar auf unter 1000. Der Wiederaufbau der 1866 eröffneten Neuen Synagoge, die in der Progromnacht am 9. November 1938 von einem mutigen Polizisten vor der Zerstörung durch die SA bewahrt, 1943 jedoch durch einen

1 Treppenhaus in den Rosenhöfen an der Rosenthaler Straße

2 Abendstimmung in den denkmalgeschützten Hackeschen Höfen

3 Die Volksbühne mit ihrem unverwechselbaren Logo, dem Wagenrad mit zwei Beinen, am Rosa-Luxemburg-Platz

1

2

3

Mitte-Flair in der Großen Hamburger Straße

4 Abendliche Vorstellung im Hexenkessel Hoftheater in der Monbijoustraße

5 Tanzpaare in dem schlichten Saal von „Clärchens Ballhaus" in der Auguststraße. Im Obergeschoss befindet sich der prunkvolle alte Spiegelsaal.

6 Die strahlenden Kuppeln der Neuen Synagoge

Luftangriff schwer beschädigt worden war, begann erst 1988. Durch diese Maßnahme wollte sich die DDR gegenüber dem Ausland ein freundlicheres Gesicht geben.

Längst strahlen die goldenen Kuppeln wieder über der Oranienburger Straße, doch wie wenig selbstverständlich die Rückkehr des jüdischen Lebens in die Spandauer Vorstadt ist, zeigt das noch immer große Sicherheitsaufgebot, etwa vor dem Jüdischen Gymnasium in der Großen Hamburger Straße. Dabei trug diese Straße zu preußischen Zeiten den Beinamen „Toleranzstraße", weil sich mit dem katholischen Krankenhaus St. Hedwig, der evangelischen Sophienkirche, die als einzige Kirche Berlins noch einen erhaltenen Barockturm hat, und der jüdischen Schule sowie dem Alten Jüdischen Friedhof mehrere Religionen und Weltanschauungen auf engem Raum begegneten.

Ganz ohne Sicherheitsschleuse gelangen Besucher jedoch in die frühere Jüdische Mädchenschule in der Auguststraße. In dem originalgetreu restaurierten Bau der Neuen Sachlichkeit aus dem Jahr 1930, in dem neben mehreren Galerien auch ein Kennedy-

Museum residiert, serviert das „Mogg & Melzer" Köstlichkeiten der jüdischen Deli-Tradition aus New York. Herausragend in der Auswahl ist das Pastrami-Sandwich: geräuchertes Rindfleisch mit Krautsalat und Gurken. Das Brot stammt von der bekannten Bäckerin und Kochbuchautorin Cynthia „Miss American Pie" Barcomi, die in den Sophie Gips-Höfen – nur eine Ecke von den bekannten Hackeschen Höfen entfernt – ein Deli betreibt. Das „Mogg & Melzer", wo die Gäste routinemäßig auf Englisch angesprochen werden, passt perfekt in die Spandauer Vorstadt, die – abseits der Oranienburger Straße mit ihrer Ballermann-Atmosphäre – eine ausgewogene Mischung aus Kultur, Tourismus, Arbeiten und Wohnen ausmacht. Wer vormittags durch die ruhigen, leicht verwinkelten Sträßchen läuft, während ein paar Väter oder Mütter ihren Nachwuchs per Rad in die Kita bringen, fühlt sich ein bisschen in Universitätsstädtchen wie Tübingen oder Freiburg versetzt.

Die wilde, anarchische Zeit nach dem Mauerfall, als die Gegend um die Oranienburger Straße zu einem Zentrum der Subkultur wurde, ist nur noch an einigen Ecken zu erahnen, etwa im „Aufsturz" oder im „Zosch", die zu den wenigen Kneipen gehören, die sich aus dieser Umbruchzeit in die Gegenwart retten konnten. Dass sie Institutionen für die Ewigkeit schaffen würden, hatten die Macher vom Kunsthaus „Tacheles" oder der Verein „Kunst + Technik" mit seiner Baracke am Spreeufer als Veranstaltungsort ohnehin nicht gedacht, zu sehr waren sie mit dem Hier und Jetzt der Neunziger beschäftigt. Ihr Schaffen wäre nicht möglich gewesen ohne die entsprechenden Leute im Hintergrund.

Eine Schlüsselfigur im wahrsten Sinne des Wortes war Jutta Weitz, die für Gewerbevermietungen

4

5

6

>> Als West-Berliner, der ab und zu in den Osten fuhr, kam ich im Winter 1988/89 zum ersten Mal in die Gegend und verliebte mich sofort in sie. Mich faszinierte dieses verwinkelte, undurchschaubare Straßengeflecht und die historische Atmosphäre. Die Häuser trugen noch die Kriegsspuren von 1945. Ich zog 1992 in die Oranienburger Straße, eine unglaublich spannende Zeit,

in der es im Kiez ein sehr innovatives Kulturleben gab. Die Subkultur verschwand jedoch schon mit der Sanierung gegen Ende der Neunziger, lange bevor das „Tacheles" schloss. Der Kiez ist aber wie eine alternde Diva, die es versteht, ihr Image aus den goldenen Tagen zu konservieren. Sie hat immer noch ihr Publikum, allerdings ein anderes, ein internationaleres als früher. Auch wenn die Spandauer Vorstadt nicht mehr der Hotspot der jungen Kreativen ist: Für unsere Agentur, die sich mit politischer Kommunikation beschäftigt, ist sie als Standort ideal. Nahe am Regierungsviertel, aber auch nicht zu nahe, wir sind schließlich keine Lobbyisten.

Juri Maier, Inhaber der Online-Kampagnen-Agentur „wegewerk" in der Krausnickstraße

verantwortliche Mitarbeiterin der Wohnungsbaugesellschaft Mitte. Sie war gewissermaßen die Erfinderin der Zwischennutzung, verfügte sie doch über Hunderte Quadratmeter leer stehender, oft baufällig gewordener Laden- und Fabrikflächen mit meist ungeklärten Eigentumsverhältnissen, die sie lieber sozialen und kulturellen Projekten für eine symbolische Miete überließ, als sie regulär an Videotheken oder Getränkehändler zu vermieten. Daneben gab es natürlich auch illegale Nutzungen des Leerstands, die viele Menschen in den Kiez lockten, etwa die Kellerbars und -clubs, die nur einmal in der Woche öffneten. Eine von ihnen war die „Mittwochsbar" direkt neben dem „Zosch" in der Tucholskystraße: ein paar niedrige, durch Wanddurchbrüche verbundene Gewölbe, in denen sich Dutzende Gäste mit Flaschenbier und Sekt vom Discounter drängten – ohne Toilette, ohne Notausgang, dafür aber mit dem Gefühl, Zeuge

eines besonderen Moments zu sein. Als es dort einmal brannte, ging es glimpflich aus, die Bar öffnete gleich wieder am nächsten Mittwoch.

Irgendwann waren fast alle Eigentumsverhältnisse geklärt, und immer mehr Investoren kamen in den Kiez, sodass die Provisorien, die den Charme der Gegend ausmachten, entweder institutionalisiert wurden, wie die „Kunst-Werke" in der ehemaligen Margarinefabrik in der Auguststraße, oder geräumt, wie die Kaufhausruine „Tacheles" am Oranienburger Tor. Einige der Pioniere sind weg, andere haben sich etabliert. Doch trotz einer umfassenden Sanierung und der Nähe zu Museumsinsel und Regierungsviertel wird die Spandauer Vorstadt wohl nicht zum „Reichenghetto" werden, dafür sind die Altbauwohnungen zu wenig repräsentativ, die Straßen zu schmal für dicke Geländewagen, und auch der Platz für luxuriöse Neubauten ist schlicht begrenzt.

7 Oranienburger Straße mit Blick auf die Neue Synagoge und den Fernsehturm am Alexanderplatz

8 Im „Sophieneck" auf der Großen Hamburger Straße/Ecke Sophienstraße wird im Gegensatz zu vielen schickeren Lokalen im Kiez in einem urigen Ambiente noch klassische Berliner Küche serviert.

9 Die Aufschrift „Handwerk & Tradition" an einer Häuserwand in der Großen Hamburger Straße verweist auf die Geschichte des Kiezes als Handwerkerviertel.

10 Die „Strandbar Mitte" am Monbijoupark liegt direkt an der Spree gegenüber der Museumsinsel und eröffnete 2002 als erste Strandbar Deutschlands.

7

8

9

10

Sprengelkiez

Am Sprengelpark erstrecken sich Häuser mit imposanten Fassaden, wie hier in der Sprengelstraße.

Wer braucht schon Mitte?

Nur einen Steinwurf vom Regierungsviertel entfernt präsentiert sich der Weddinger Sprengelkiez zwischen Luxemburger Straße, Nordufer, Ringbahn und Müllerstraße äußerst bodenständig. Er ist nicht von jeder Mode zu beeindrucken.

Am alten Sitz im bayerischen Pullach gilt für die Mitarbeiter des Bundesnachrichtendienstes höchste Diskretion. Nicht wenige von ihnen wohnen zwar in dem Örtchen bei München, fahren aber jeden Morgen mit der S-Bahn in Richtung Stadt, um mit einem dort geparkten Auto unauffällig zurück nach

Pullach zur Arbeit zur fahren. Mit dem 2014 begonnenen Umzug nach Berlin soll aber eine neue Ära beginnen: Der Auslandsgeheimdienst gibt sich offen – so offen, dass er sich sogar die streng geheimen Baupläne für die neue Zentrale stehlen ließ.

Den neuen Nachbarn um die Chausseestraße stellt man sich mit Flyern vor und verspricht, für eine Belebung des früheren Zonenrandgebiets am Berlin-Spandauer Schifffahrtskanal zu sorgen. Nur ein paar Meter weiter nordwestlich, wo die Chausseestraße die Ringbahn unterquert und in die Müllerstraße übergeht, hat man die Ankunft der „Schlapphüte" schon registriert. Denn wie in Mitte sind auch im Sprengelkiez die Mieten mittlerweile gestiegen, wofür bislang eher die zugezogenen Studierenden der Beuth Hochschule für Technik in der Luxemburger Straße am nördlichen Kiezrand verantwortlich gemacht wurden. Diese Rolle fällt nun den unscheinbaren Beamtentypen zu, von denen einzelne schon nach Berlin umgesiedelt sind und die Gegend „aufgewertet" haben. Sie geben gern vor, bei Abteilungen mit undurchsichtigen Namen wie „Sondervermögen der Bundesliegenschaftsverwaltung" tätig zu sein, die es in Wirklichkeit gar nicht gibt – zu viel Transparenz muss ja auch nicht sein. An sie hatten diejenigen aber wohl nicht gedacht, die seit Jahren dem Wedding eine Zukunft als nächstem In-Bezirk vorhersagen. Davon ist der Wedding, seit 2001 ohnehin nur noch ein Ortsteil des Großbezirks Mitte, allerdings noch weit entfernt.

Den meisten der rund 15 000 Bewohner des Sprengelkiezes ist es ohnehin lieber, wenn der Boom ausbleibt und stattdessen die gemächliche Entwicklung der letzten Jahre weitergeht, dennoch hat sich inzwischen durchaus einiges geändert. In der Tegeler Straße haben sich zu den alteingesessenen Kiezkneipen neue gastronomische Betriebe gesellt, die man eher in den hipperen Gegenden Berlins erwarten würde, etwa das „Hubert" mit seinen selbstgebackenen Quiches und der alten Holzkutsche vor der Tür oder die kleine Kaffeebar mit dem etwas sperrigen Namen „Göttlich Essen & Trinken". Lässt man auf der Tegeler Straße den Blick über die ungewöhn-

lich breiten, geradezu boulevardesken Bürgersteige schweifen, so drängt sich ein Gedanke auf: Hier geht noch mehr. Doch angesichts eines Bioladens, der sich im Kiez bereits eingerichtet hat, läuten bei sämtlichen Gentrifizierungsskeptikern schon die Alarmglocken.

In der Sprengelstraße, zwischen Tegeler Straße und Samoastraße, gibt es seit 2013 mit dem „Aman" ein echtes „Kafenion", ein traditionelles griechisches Kaffeehaus. Vormieter dieses „Kafenions" war ein von türkischstämmigen Weddingern geführter „Späti", ein

In der Samoastraße/Ecke Sprengelstraße steht die evangelische Osterkirche, die 1911 eingeweiht wurde.

Schiffsverkehr auf dem insgesamt zwölf Kilometer langen Berlin-Spandauer Schifffahrtskanal auf Höhe des Nordufers

typischer Zigaretten-, Zeitschriften-, Hundefutter- und Spirituosenladen, der auch spätabends und feiertags offen hatte. Griechen statt Türken, Weinblätter statt Weinbrand. Sieht so etwa die befürchtete Verdrängung aus?

Einen Prominenten konnten die Kiezbewohner immerhin schon in ihrer Mitte begrüßen: den bei der Bundestagswahl 2013 gescheiterten SPD-Kanzlerkandidaten Peer Steinbrück. Eigentlich wollte dieser seine Wohnortwahl nicht an die große Glocke hängen, er machte die Rechnung aber ohne seine Nachbarin, die örtliche Bundestagsabgeordnete Eva Högl, die sich auf einem SPD-Sommerfest gegenüber der Journaille verplapperte. Damit ist es publik geworden: Der Mann, der für ein höheres Kanzlergehalt plädierte, wählte eines der wenigen erst in den letzten Jahren erbauten Häuser im Kiez als sein Zweitdomizil. War es die Nähe zum Kanzleramt, die ihn als Optimisten vor der Bundestagswahl hierher lockte? Oder ein Bekenntnis zur traditionellen Arbeitergegend Wedding in Abgrenzung zum feinen Mitte, wie es vor Jahren auch der ehemalige Arbeitsminister und Herz-Jesu-Sozialist Norbert Blüm mit seiner Aussage „Wedding ist überhaupt nicht hochnäsig, hier gefällt's mir" ablegte?

Die Sozialdemokratie ist fest im Sprengelkiez verwurzelt. Hier bekommt die alte Arbeiterpartei bei Wahlen noch 30 Prozent der Stimmen, und hier hat der SPD-Landesverband seinen Sitz: Gewissermaßen ist das Kurt-Schumacher-Haus in der Müllerstraße das echte Willy-Brandt-Haus, denn im Gegensatz zum Sitz der Bundespartei in Kreuzberg war es tatsächlich einmal für anderthalb Jahre der Arbeitsplatz von Willy Brandt. Zwischen der Fertigstellung des Hauses im Frühherbst 1961 und Mai 1963 lenkte der SPD-Übervater von hier aus die Geschicke des Berliner Landesverbands, neben seinem Hauptjob als Regierender Bürgermeister, wenn er also nicht gerade im Rathaus Schöneberg weilte. Der denkmalgeschützte Stahlskelettbau spiegelt mit seiner modernen rasterhaften Fassade die Aufbruchsstimmung und den Fortschrittsglauben der Sechzigerjahre wider.

Nach der Wende erhielt das Gebäude einen Anbau entlang der Burgsdorfstraße. Die einen sagen, weil die Partei auf viele neue Mitglieder spekulierte, die anderen sagen, weil sie sich damit zusätzliche Einnahmen aus der Vermietung versprach. Die von einem Tempelhofer Genossen geführte Baugesellschaft, die das Bürogebäude gepachtet hatte, ging 1995 allerdings pleite. Auch die durch den Berliner Bankenskandal 2001 bekannt gewordene BerlinHyp, die dann in das Haus einzog, wurde nicht recht glücklich damit. Kritiker monierten, dass die später von Steuergeldern gerettete Bank einen außergewöhnlich hohen Pachtzins an die SPD zahlen musste. Nach wiederholtem Leerstand hat sich in den oberen Etagen ein Hotel eingerichtet, während das „Prime Time Theater" seit 2009 das Erdgeschoss des Anbaus bespielt. Dem Volkstheater, das durch die Sitcom „Gutes Wedding, schlechtes Wedding" bekannt geworden ist, nutzte die räumliche Nähe zur Politik allerdings jahrelang nichts, wenn es um branchenübliche Subventionen ging. 2014 soll es erstmals seit 2010 jedoch wieder eine Förderung bekommen – die wäre äußerst wichtig für das Theater, das eine Auslastung von 95 Prozent braucht, um Hartz-IV-Empfängern ermäßigte Eintrittspreise anzubieten.

Daran, dass es um die sozialen Verhältnisse im Kiez nicht zum Besten bestellt ist, erinnert auch der mächtige Bau gegenüber dem Kurt-Schumacher-Haus. Das frühere Arbeitsamt in der Müllerstraße, heute eine Zweigstelle des Jobcenters Mitte, diente in Tagesschausendungen viele Jahre als Hintergrundbild, wenn aktuelle Arbeitslosenzahlen vermeldet wurden. C&A schloss darüber hinaus wegen der Abwanderung seiner Kunden 2011 seine Filiale auf der Müllerstraße, in leer stehende Gewerberäume zogen stattdessen Spielhöllen ein. Auch in den Nebenstraßen des Kiezes steht das eine oder andere Ladenlokal noch immer leer. Etliche von ihnen wurden auch zu Wohnungen umgewandelt. Doch oftmals bleiben die Mieter nicht lange. Im Fenster einer solchen Erdgeschosswohnung in der Kiautschoustraße hängt ein Zettel mit der Aufschrift „Löse meine Wohnung auf. Öffnungszeiten Dienstag und Donnerstag 17–19 Uhr". Im Schaufenster stehen Cowboystiefel, eine alte Küchenwage, ein Kerzenständer und allerhand Nippes – keine Antiquitäten, nur ganz gewöhnliche Dekoartikel.

Es wird wohl eine Weile dauern, bis der Wohlstand aus dem benachbarten Ortsteil Mitte in den Wedding herüberschwappt. Noch herrscht kein großer Druck auf die Gewerbeflächen, noch können sich zahlreiche kleine Läden und Handwerkerbetriebe die Lage leisten. Im Sprengelkiez finden sich unter anderem Fachgeschäfte für Kerzen, Handarbeitszubehör (Fehmarner Straße), Naturfarben für Böden und Wände (Sprengelstraße), Skateboards (Tegeler Straße) sowie mehrere Läden für indische und afrikanische Lebensmittel (Triftstraße und Föhrer Straße) – und nicht zuletzt auch für Bier. In der Triftstraße hat sich ein früherer Ingenieur seinen Lebenstraum verwirklicht. Eine große Deutschlandkarte im „Hopfen & Malz" zeigt, woher die gehandelten Biersorten stammen: Oberbayern, Franken und einige wenige aus Nordrhein-Westfalen. Doch die großen Markennamen und deren Industrieplörre sucht man in dem Shop

Markantes Eckhaus an dem um 1900 angelegten Pekinger Platz

vergeblich. Wer lokal hergestellte Getränke bevorzugt, wird ein paar Häuser weiter östlich fündig. Etwas versteckt, in einem Innenhof, braut Martin Eschenbrenner im „Eschenbräu" in Eigenregie nicht

Das „Angelhaus Koss" lässt keine Wünsche offen. Durch den Madenautomaten vor der Tür kann sich die Kundschaft jederzeit lebendiges Angelzubehör beschaffen.

nur Bier, sondern brennt – nomen est omen – auch Schnaps. Ganz nach bayerischer Biergartentradition lassen sich die Gäste sommers auf den Bierbänken unter der Eiche im Hof nieder und dürfen mitgebrachtes Essen verzehren.

Inmitten des Kiezes, zwischen Sprengelstraße und der am Pekinger Platz entlang verlaufenden Kiautschoustraße, befindet sich eine Grünanlage: der Sprengelpark – ein Ort mit besonderer Geschichte. Hier war einst das Zentrum eines großen Industriegebiets. 1870 ging ein Eisenbahnwerk in Betrieb, das sich über das Gebiet zwischen Nordufer im Süden, Torfstraße im Westen, Triftstraße im

Norden und Tegeler Straße im Osten erstreckte. Ein eigener Stichkanal vom Nordhafen aus versorgte das Werk mit Kohle. Neun Jahre und ein paar Tausend Güter- und Postwaggons später ging die Fabrik pleite, woraufhin der größte Teil der Fläche parzelliert und ab 1902 mit Wohnhäusern bebaut wurde, die nahezu alle erhalten sind. Auf den verbliebenen 10 000 Quadratmetern konstruierte das Unternehmen Rohrbach Metallflugzeugbau ab 1924 Flugboote vom Typ „Romar". Mit einer Spannweite von 37 Metern und einer Rumpflänge von 22 Metern waren es die damals größten Flugboote.

Für die Flugzeugfertigung war der Standort inmitten des inzwischen dicht bebauten Kiezes eigentlich ungeeignet, denn die Straßen waren so eng, dass die Flugzeuge in mehreren Teilen zum südöstlich gelegenen Nordhafen gebracht, per Boot verschifft und erst vor dem Start zusammengesetzt wurden. Warum also der ganze Aufwand? Der Versailler Vertrag verbot dem Deutschen Reich eine eigene Flugzeugindustrie, die Produktion erfolgte daher im Verborgenen. Die Montagehalle von 1929 wurde nach Entwürfen von Werner March errichtet, der später auch für Hermann Görings Jagdschlösschen „Carinhall" und das Olympiastadion verantwortlich war.

1937 übernahm die vom Reichsluftfahrtministerium gegründete Luftfahrtkontor GmbH die Fabrikanlagen. Während des Zweiten Weltkriegs diente die Flugzeugfabrik als Produktionsstandort für die Luftrüstung. Flugzeugmotoren, Tragflächen und kupferne Dichtungsringe für die Rakete V1 – das geht aus den Erinnerungen der hier beschäftigten Zwangsarbeiter aus Frankreich, Holland und der Tschechoslowakei hervor – stellte man hier her. Von 1954 bis 1967 nutzte eine Ventilatorenfirma das Areal, danach mehrere kleinere Gewerbebetriebe.

1 Alltagsszene an einer Bushaltestelle vor der Osterkirche

2 Bunte Häuserfassade an der Lynarstraße/Ecke Nordufer

3 Haus mit verziertem Giebel und Türmchen am Pekinger Platz

1

2

3

>> Dieser Kiez ist grundehrlich. Hier kriegst du die Meinung ins Gesicht, das ist Berlin. Unser Theater gehört hier her mit seinen Geschichten, es ist im Wedding entstanden. „Gutes Wedding, schlechtes Wedding" ist als Sitcom nicht Bildungsbürgertheater, sondern Volkstheater mit Stadionatmosphäre. Wobei ich nicht so gern Volkstheater sage, das klingt so angestaubt. Bei uns gibt es freie Platzwahl. Das heißt, dass auf dem einen Platz jemand sitzt, der 9 Euro Eintritt zahlt, weil er Hartz-4-Empfänger ist, und daneben einer, der vielleicht aus Steglitz kommt und die regulären 17 Euro zahlt. Und der Sekt kostet nicht 6 Euro wie anderswo. Theater soll Teil des Alltags sein.

Oliver Tautorat, Geschäftsführer des „Prime Time Theaters" und Schauspieler in „Gutes Wedding, schlechtes Wedding"

Weil die Deutsche Bahn in den Nullerjahren beim Bau der neuen Fernbahnstrecke von Gesundbrunnen zum Hauptbahnhof durch Betonbrücken den nahe gelegenen Park am Mettmannplatz verunstaltete, suchte sie nach einer geeigneten Fläche für Ausgleichsmaßnahmen und fand sie auf dem Areal der ehemaligen Flugzeugfabrik. Diese wurde 2004 abgerissen, damit das Gelände zur Grünanlage umgestaltet werden konnte. 2007 wurde dann der Sprengelpark eingeweiht. Apropos Abriss: Nach den Hitlerschen Wahnvorstellungen einer „Welthauptstadt Germania" hätte der ganze Sprengelkiez Platz für den geplanten Nordbahnhof als Element der Nord-Süd-Achse machen sollen.

In den kommenden Jahren wird die Bahn erneut den Kiez verändern. Die sich im Bau befindende S-Bahnlinie 21 als Nord-Süd-Verbindung zwischen der Ringbahnstation Wedding und dem Hauptbahnhof kreuzt die Tegeler Straße ebenerdig, weswegen diese zur Sackgasse wird. Dafür soll das Nordufer ostwärts zur Fennstraße verlängert werden. Droht damit eine neue Durchgangsstraße? Viele Anwohner bangen nun um die Ruhe am Pekinger Platz, wo das Nordufer unterbrochen und für den Autoverkehr gesperrt ist. Diese Sperrung könnte aufgehoben werden, so fürchten sie. Das hätte tatsächlich unangenehme Folgen. Nicht nur für Cafégäste und Flaneure, sondern auch für Angler. Diese lieben den ruhigen Abschnitt des Nordufers, ist doch der Berlin-Spandauer Schifffahrtskanal mit 17 Fischarten die wohl artenreichste künstliche Wasserstraße der Stadt. Und sollten den Fischfreunden einmal die Köder ausgehen, ist die Rettung nicht weit. Das traditionsreiche „Angelhaus Koss" in der Tegeler Straße hält sich zwar an die üblichen Öffnungszeiten, hilft den Anglern aber schon seit 1970 rund um die Uhr aus, indem es an seiner Hauswand den berlinweit ersten und bislang einzigen Madenautomaten angebracht hat.

4 Das Innere des Ladens „Angelhaus Koss" in der Tegeler Straße

5 Ein sogenanntes „Café Achteck", ein achteckiges Pissoir, auf dem Pekinger Platz

6 Auf einem ehemaligen Industriegelände wurde für die Weddinger der Sprengelpark angelegt: Statt der alten Hallen gibt es heute einen Spielplatz und Liegewiesen.

4

5

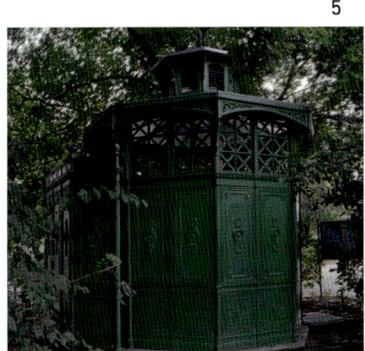

6

Boxhagener Kiez

Der im Jahr 1903 angelegte Boxhagener Platz ist als Herz des Kiezes ein äußerst beliebter Treffpunkt bei Anwohnern und Besuchern.

Manche mögen's laut

Eingezwängt zwischen Stadtbahn, Ringbahn, Frankfurter Allee und Warschauer Straße zieht der Kiez rund um den Boxhagener Platz Menschen aus aller Welt an, viele von ihnen nur für ein paar Stunden.

Mal weinrot, mal dunkelblau, mal orange: An den bunten Markisen lassen sich die vielen Bars und Cafés noch gerade so unterscheiden. Und natürlich an den Namen, denn die stehen auch auf den Markisen, wobei die Hersteller der Sonnensegel ähnliche Schriften verwenden, was dem Bild der Simon-Dach-Straße in dem Teil zwischen Grünberger Straße und Wühlisch-/Kopernikusstraße eine hübsche Uniformität verleiht. Auch die Unterschiede der gastronomischen Konzepte sind überschaubar.

Eine Möglichkeit, sich für eine Kneipe zu entscheiden, ist: Trinken nach Farben, nach den Farben der Markisen. Sollte in den Sommermonaten tatsächlich einmal kein Platz in den Schankgärten mehr frei sein, schaffen auf der Straße verzehrte Getränke Abhilfe, den „Spätis" sei Dank. Die wenigen Gewerbeflächen, die nicht an Gaststätten vermietet sind, beherbergen Tabak- und Getränkehändler, mit Öffnungszeiten bis weit in die Morgenstunden. Manchmal plätschert etwas Wasser von den Balkonen auf Café-Gäste hinunter, etwas mehr als normalerweise beim Blumengießen daneben tropft: Keine Frage, manchen Anwohnern missfällt der Trubel auf der Straße. Dabei hat sich die Lage seit 2002, als der „Friedrichshainer Kneipenstreit" die Politik beschäftigte, etwas beruhigt, nicht etwa weil der Geräuschpegel der Feiernden nun niedriger ist, sondern weil mittlerweile jeder weiß, was ihm bevorsteht, wenn er in die Simon-Dach-Straße zieht. Von leer stehenden Wohnungen auf der Ausgehmeile kann aber keine Rede sein. Auch das Geschäft mit den Eigentumswohnungen floriert.

Im Boxhagener Kiez herrscht eine höhere Fluktuation als in anderen Stadtteilen. Friedrichshain ist mit einem Altersdurchschnitt von unter 38 Jahren einer der jüngsten Ortsteile Berlins, und dies ist nicht unbedingt einem besonderen Kinderreichtum geschuldet. Die durchschnittliche Wohnungsgröße im Boxhagener Kiez lag in den Neunzigerjahren bei 55 Quadratmetern. Mehr als 80 Prozent der Wohnungen hatten ein oder zwei Zimmer, auch heute ist der Kiez eine Single-Gegend. Hier lassen sich vor allem Menschen nieder, die am Anfang ihrer Ausbildung oder Erwerbstätigkeit und vor Beginn ihrer Reproduktionskarriere stehen. Der Rentneranteil liegt dagegen weit unter dem Berliner Schnitt. Auf diese Altersverteilung hat sich die örtliche Wirtschaft eingestellt: Es gibt kaum Delikatessenläden und Geschäfte für Babymode, dafür ist die Dichte von Tätowierstudios höher als überall sonst in der Stadt. Gleiches gilt natürlich für Cocktailbars, Bierschenken, Cafés, günstige Restaurants und Imbisse. Kein Reiseführer kommt mehr ohne die

Erwähnung der Partylocations rund um die Simon-Dach-Straße, die Revaler Straße und den Boxhagener Platz aus, entsprechend international ist das Publikum. Doch seitdem Teilnehmer geführter Sauftouren, sogenannter „Pub Crawls", den Kiez belagern, sind die Touristen in der Wertschätzung der Bewohner, die zum großen Teil selbst keine Urberliner sind, deutlich gesunken. Nicht nur Ruhestörung und Verschmutzung wirft man ihnen vor, sondern auch eine „Vermainstreamung" der Clublandschaft. Die professionellen Partyveranstalter mögen in diesen Chor nicht so recht einstimmen, hängt doch rund ein Drittel ihres Umsatzes an den Besuchern, die für ein paar Tage in der Stadt weilen.

Was für Mitte die Kaufhausruine „Tacheles" war, ist für Friedrichshain das RAW-Gelände. Nach der Wende haben sich Kulturpioniere dieser brach-liegenden Flächen angenommen und sie durch ihre Projekte aufgewertet. Bis Anfang der

Die Bar „Dachkammer" in der Simon-Dach-Straße erstreckt sich über zwei Etagen. Hier finden auch Lesungen und Livemusik statt.

Neunzigerjahre befand sich zwischen den S-Bahn-Gleisen und der Revaler Straße ein Reichsbahn-ausbesserungswerk (RAW), das größte seiner Art in der DDR. In den teilweise denkmalgeschützten Gebäuden haben sich Veranstalter und Vereine wie der RAW-Tempel, Künstlerateliers, ein Open-Air-Kino, eine Skatehalle, ein Kletterturm und mehrere Diskotheken etabliert. Da für den an der Moder-sohnbrücke gelegenen Abschnitt des insgesamt 71 000 Quadratmeter großen Geländes ein Bebau-ungsplan vorliegt, bangen die Einrichtungen um ihre Existenz. Das gilt nicht nur für diejenigen, die den Neubauten direkt im Wege stehen, sondern für alle Beteiligten, denen durch mögliche Ruhebedürf-nisse der zukünftigen Nachbarn Vertreibung droht. Kommerz killt Kultur, lautet ihre Klage. Doch verfolgen die Nutzer des Geländes durchweg unei-gennützige Ziele oder handeln sie nicht selbst auch wie gewinnorientierte, im subkulturellen Gewand auftretende Unternehmen, die keine finanziellen Einbußen hinnehmen wollen?

Kaum Kommerzverdacht hängt dagegen über einem anderen kulturellen Phänomen im Kiez: der Street Art. Keine andere Gegend Berlins kann auf einen so reichhaltigen Fundus von Kunst im öffent-lichen Raum oder auf von der Straße aus einseh-baren Privatgrundstücken blicken. Die Motive der Graffitis leben von Perspektive und Witz, sie sind viel einfallsreicher als die üblichen „Tags", wie die in wenigen Sekunden mit Spraydose oder Filzstift hingeschmierten Signaturen genannt werden. So stießen Passanten in der Simon-Dach Straße lange Zeit auf die Abbildung eines Polizisten, der anstatt des verbreiteten Slogans „all cops are bastards" „all criminals are bastards" an die Wand sprayt. Dieses „Piece" stammte von einem weit über Friedrichshain hinaus bekannten Streetartist namens Urben. Auf

Einer der beiden Türme des Frankfurter Tors an der Kreuzung zur Warschauer Straße, wo die Karl-Marx-Allee in die Frankfurter Allee übergeht

einer Fassade in der Scharnweberstraße schwimmen elf Spermien mit furchteinflößenden Gebissen um die Wette, darüber steht der Schriftzug „the super happy friends". Da, von wenigen Auftragsarbeiten abgesehen, Street Art illegal ist, bevorzugen es die meisten Künstler, unerkannt zu bleiben. Eine Aus-nahme stellt der Grazer Künstler Dieter Puntigam dar, der bunte Treppenhauswände in einem herun tergekommenen Haus in der Dirschauer Straße 10 mit schemenhaften Figuren in weißer und schwar-zer Farbe bemalte. Im Kiez wird nun langsam der Platz für Street Art knapp. Auch auf dem weitläu-

1 Bücherflohmarkt vor dem Café „Tasso" auf der Frankfurter Allee

2 Radfahrerin und Spaziergänger auf der Frankfurter Allee

3 Auf der Simon-Dach-Straße beginnt die Happy Hour schon um 12 Uhr mittags.

4 Zylinderförmiges Haus in der Simon-Dach-Straße

1

2

3

4

figen RAW-Gelände findet sich schon lange keine unberührte Wand mehr. Böse Zungen behaupten, die Street Artists bräuchten nun eine Genehmigung der dort ansässigen alternativen Kulturbetriebe, um ihre Spuren zu hinterlassen.

Ähnlich durchlässig wie die Grenze zwischen Kunst und Kommerz ist die zwischen Pop und Propaganda. Eines der auffälligsten Wahrzeichen des Boxhagener Kiezes fällt wohl eher unter letztere Kategorie: Der übergroße Schriftzug „Deutschland verrecke!!! Køpi bleibt!" auf den Dächern der Revaler Straße ist schon von Weitem zu sehen, ob man mit der S-Bahn vorbeifährt oder die Warschauer Brücke überquert. Das markige Statement ist ein Zeichen der Solidarität. Es gilt den früheren Besetzern und jetzigen Mietern eines Hauses in der Köpenicker Straße, ein paar hundert Meter weiter auf der anderen Seite der Spree, die immer wieder kurz vor dem Rauswurf stehen. Die Hausbesetzerszene hat den Kiez sichtbar geprägt. Mehr als 40 leer

stehende Häuser, die zu DDR-Zeiten abgerissen werden sollten, wurden Ende 1989/Anfang 1990 in Friedrichshain besetzt, davon allein die Hälfte im Boxhagener Kiez. Die Besetzer kamen größtenteils aus Kreuzberg, wo die Polizei seit 1981 weitere Aneignungen strikt unterbunden hatte. Keine sechs Wochen nach der Wiedervereinigung trafen die Ordnungshüter mit der Räumung von 13 besetzten Häusern in der Mainzer Straße das Herz der Bewegung. Heute erinnert in dem beschaulichen Sträßchen am nördlichen Rand des Kiezes zwar nichts mehr an die tagelangen Straßenschlachten, doch in der Nachbarschaft ist die Szene noch sichtbar aktiv. Die bunt-plakative Malerei, die mit politischen Slogans die Fassade der Kreutzigerstraße 23 ziert, weist auf die ungewöhnlichen Besitzverhältnisse hin: Es ist das erste von mehreren Häusern, die die Besetzer schließlich kaufen konnten. Vier Häuser weiter, in der Nummer 19, hat man sich bei der Bemalung sichtlich mehr Mühe gegeben, obwohl dort die Be-

Das alte Kino „Intimes" an der Ecke Niederbarnimstraße/Boxhagener Straße, ein traditionsreiches Programmkino

setzer nicht zu Besitzern, sondern nur zu Mietern geworden sind. Diese Konstellation ist für „selbstverwaltete Wohnprojekte", wie die Wohnsituation in den ehemals besetzten Häusern im Szenejargon genannt wird, nicht ohne Risiken, wie der Fall eines Hauses nördlich der Frankfurter Allee zeigte. In der Liebigstraße 14 bemängelte der Vermieter den nicht genehmigten Einbau einer Tür, kündigte sämtlichen Mietern und ließ das Gebäude Anfang 2011 von der Polizei räumen. In den folgenden Tagen kam es

Den Kiezalltag erleben die Alteingesessenen, die längst in der Minderheit sind, nicht mehr als Konfrontation mit den einst gefürchteten „Chaoten", denn die haben sich inzwischen integriert. Das „Supamolly" in der Jessnerstraße am Traveplatz – mit den verbarrikadierten Fenstern im Erdgeschoss, den Transparenten an den Balkonen und dem opulenten Efeubewuchs unschwer als Ort mit Besetzervergangenheit zu erkennen – hat sich zu einer beliebten Ausgehlocation entwickelt, in der sich auch höchst durchschnittlich aussehende Besucher willkommen fühlen dürfen.

Nein, der Kiez hat mittlerweile neue Feindbilder: Mehr noch als „die Touris" ziehen „die Yuppies" den auf Hauswänden und in einschlägigen Internetforen artikulierten Volkszorn auf sich. Übernimmt nun die „Upper Class" den eng bebauten, immer etwas schmuddeligen und lauten Kiez? Tatsächlich: Auf einer großen Brachfläche schräg gegenüber dem RAW-Gelände entsteht ein Neubaublock, dessen Bestandteile als hochwertige Eigentumswohnungen vermarktet werden. Fraglich ist allerdings, ob sich die wirklich Reichen nichts Besseres leisten können: Die Ziegelfassaden wirken lediglich wie aufgeklebt, die Jalousien der bereits fertiggestellten Wohnungen sind nach wenigen Monaten schon derangiert und die dichte Bauweise lässt nur wenig Licht in die inneren Blöcke des vermeintlichen Luxusareals.

Flaneure in der Revaler Straße, die abends zur Partymeile wird

5 Spielplatz auf dem Boxhagener Platz, der 2006 noch durch zusätzliche Spielgeräte aufgebessert wurde

6 Frech bemalte Rollläden der „Aqua Gefühlsanstalt", einer Boutique in der Simplonstraße

7 Großzügiger Außenbereich eines Lokals in der Grünberger Straße

in ganz Friedrichshain zu Scharmützeln zwischen Ordnungshütern und Sympathisanten der herausgeworfenen Bewohner. Nicht zuletzt aufgrund dieser Erfahrung setzte die Polizei im Sommer 2013 Hubschrauber ein, als sie ein ehemals besetztes Haus im Kiez untersuchte, um einen vorangegangenen Angriff auf Polizisten in Kreuzberg aufzuklären. Sie fürchtete, während der Aktion vom Dach aus attackiert zu werden.

5

6

7

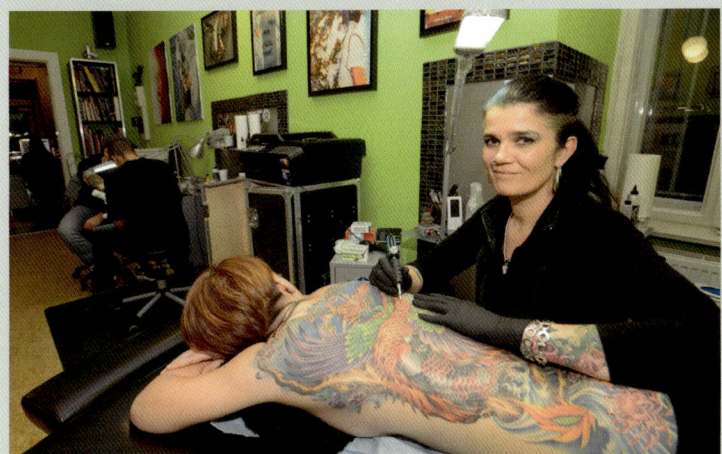

>> Als ich 1992 anfing, in diesem Studio zu arbeiten, konnte ich von dem Tattoo-Boom partizipieren, denn die Menschen aus dem ehemaligen Osten hatten großen Nachholbedarf. In der DDR war das Tätowieren verpönt. Ansonsten war Friedrichshain in dieser Ecke ziemlich tot – nur unsere Leuchtreklame war von der S-Bahn aus gut zu sehen… Keine Kneipen, keine Cafés. Erst Jahre später belebte sich der Kiez. Wir haben wenig Laufkundschaft, was uns entspanntes Arbeiten auf Terminbasis ermöglicht. Die Kundschaft, die unser Studio auszeichnet, bevorzugt hauptsächlich gut durchdachte und designte Großprojekte, die sich über einen längeren Zeitraum hinziehen, und sie bietet einen breiten Querschnitt durch die Gesellschaft: Polizisten, Rechtsanwälte, Bauarbeiter, Leute aus dem Eventbusiness, alles dabei. Wer sich beim Tätowieren von einem Trend einfangen lässt, ist bei uns falsch, denn Tätowierungen sind für die Ewigkeit und sollten deshalb wohlüberlegt sein!

Miss Nico, Inhaberin von „All Style Tattoo" in der Simplonstraße

Die Townhouse-Enklave an der Revaler Straße ist nicht der erste Versuch, vermögendere Bevölkerungsschichten im Boxhagener Kiez anzusiedeln. 1911 hatte eine Bank, die nach dem Konkurs eines Schuldners an Bauland gekommen war, die Idee, inmitten der Mietskasernen eine gehobene Wohngegend zu schaffen. Das Ergebnis war die nach dem Eisenbahnbremsen-Mogul Georg Knorr benannte Knorrpromenade, die sich mit Schmucktoren an beiden Straßenenden symbolisch von der proletarischen Nachbarschaft abgrenzte. Auch wenn die Fassadenverzierungen der Häuser größtenteils fehlen und das nördliche Tor nicht mehr steht, beeindruckt die Promenade durch Gebäude mit Erkern, Säulen und Loggien. Alle Häuser des kurzen Sträßchens verfügen über eingezäunte Vorgärten und taghelle, von Oberlicht durchflutete Treppenhäuser mit außergewöhnlich niedriger Steigung. Ebenfalls in Abgrenzung zu den Arbeiterbehausungen entstand 1904 im Süden des Kiezes zwischen Simplon-, Gryphius-, Sonntag- und Holteistraße ein Wohnblock mit begrünten Innenhöfen und dem vornehmen Namen Helenenhof. Namenspatin war die Gattin des damaligen preußischen Ministers für öffentliche Aufgaben Hermann von Budde.

Das vielleicht teuerste Wohnprojekt im Kiez, das Max-Kreuziger-Haus in der Böcklinstraße, benannt nach einem SED-Politiker und Ost-Berliner Schulstadtrat, war früher eine Grundschule. Als das im stalinistischen Stil errichtete Gebäude nach der Jahrtausendwende nicht mehr gebraucht wurde, ging es an Investoren, die die vormalige Penne in Eigentumswohnungen aufteilten. Einige davon werfen als Ferienapartments nun ordentlich Gewinn ab, was viele Eigentümer wiederum nervt: Easyjetset statt Jetset, so hatten sie sich das nicht vorgestellt.

8 Originalgetreu rekonstruiertes Toilettenhäuschen auf dem Boxhagener Platz. Das historische Vorbild war 1992 abgebrannt.

9 Maroder Charme: Bepflanzter Balkon neben Graffiti am Boxhagener Platz

10 Läden am Boxhagener Platz

8

9

10

Reuterkiez

In der Weserstraße in „Kreuzkölln" sprießen die Kneipen und Lokale nur so aus der Erde. Abends zieht hier das Partyvolk entlang.

Wo das Gründerfieber grassiert

Zwischen Kottbusser Damm, Sonnenallee, Wildenbruchstraße, Neuköllner Schiffahrtskanal und Landwehrkanal liegt eines der lebhaftesten Quartiere Berlins.

„Aus Kreuzberg 61 wollte er so schnell wie möglich wieder raus, das deprimierte ihn immer, und durch Neukölln, und sei es nur das kleine Stück Bürkner-

straße, wollte er schon gar nicht mehr gehen, das war noch schlimmer." So wie Herr Lehmann, die Figur aus Sven Regeners gleichnamigem Roman, dachten wohl einige der aus Westdeutschland Zugezogenen, die in den Achtzigerjahren ihr kleines Paradies im östlichen Teil Kreuzbergs im Schatten der Mauer gefunden hatten. Neukölln, das nur einen Steinwurf entfernt auf der anderen Seite des Landwehrkanals beginnt, galt den Lebenskünstlern aus SO 36 als von seltsamen Ureinwohnern bevölkertes Niemandsland, das man allenfalls auf dem Weg in einen anderen Teil Kreuzbergs kurz betrat, um es gleich wieder zu verlassen. Wie sich doch die Zeiten geändert haben! Heute ist der Norden Neuköllns Sehnsuchtsort all jener, die es nach Berlin zieht, um Partys zu feiern, eine Auszeit zu nehmen, sich künstlerisch auszuprobieren oder der Jugendarbeitslosigkeit Südeuropas zu entkommen.

Vormittags wirkt die Weserstraße, die sich von der Wildenbruchstraße bis zum Kottbusser Damm erstreckt, einigermaßen ruhig. Ein paar alte Möbel stehen vor den Geschäften, die Einrichtungsgegenstände aus aufgelösten Haushalten anbieten. Etliche heruntergelassene Rollläden vermitteln eine schläfrige Stimmung. Doch abends ballt sich das Ausgehvolk vor den Clubs und Cafés, die sich auf der parallel zur Sonnenallee verlaufenden Straße aneinanderreihen. Gruppenweise stehen die Menschen auf den Bürgersteigen, Bier- oder Club-Mate-Flaschen in der Hand. Nicht immer ist klar, ob sie Gäste der jeweiligen Bar sind oder auf dem Weg zu einer anderen Location nur kurz stehen bleiben. „Simon Dach" ist ab und zu auf einer Hauswand oder einem Straßenschild zu lesen – als Verweis auf die Ausgehstraße in Friedrichshain, in der Ende der Neunzigerjahre eine ähnliche Entwicklung stattfand und Kneipen und Restaurants wie Heizpilze aus dem Boden schossen. Die Parallelen sind sehr augenfällig, sowohl was die hohe Zahl an Besuchern und den damit verbundenen nächtlichen Lärm als auch die Reaktionen der Anwohner angeht. Zu der Beliebtheit des Kiezes hat das Stadtmagazin „zitty" wesentlich beigetragen, das im März 2008 „Neukölln rockt" titelte. Dutzende neue Bars, Ateliers, Modeläden und Kleinkunstbühnen öffneten wenig später rund um den Reuterplatz.

Der Publikumsandrang ist groß, und viele wollen sich von dem Kuchen ein Stückchen abschneiden. Das befeuert den Wettbewerb um die originellsten Geschäftsideen. Eine Bar, die in einem ehemaligen Damensalon in der Reuterstraße aufgemacht hat,

übernahm nicht nur die alte Leuchtreklame und damit den Namen „Damensalon", sondern lädt gelegentlich auch zum Haareschneiden ein. Bemerkenswert ist dieser Ort aber vor allem wegen der alten Kacheln auf Boden und Wänden, die aus einer Zeit stammen, als hier noch Fische verkauft wurden. Um sich von anderen Ferienwohnungen im Kiez abzusetzen, bietet der „Hüttenpalast" in der Hobrechtstraße Übernachtungsmöglichkeiten in gemütlich hergerichteten Wohnwagen, die in alten Gewerberäumen stehen – unter dem Motto „Campen im Trockenen". Das „Kuschlowski" in der Weserstraße, das schon eröffnet wurde, als die Weserstraße noch nicht so angesagt war, setzt auf Eimer, genauer gesagt: Es setzt die Gäste auf Barhocker, deren Sitzflächen aus Eimern bestehen. Der Laden ist noch immer äußerst beliebt. Doch nicht alle Etablissements konnten von dem An-

Der „Reuter Trödel" in der Reuterstraße ist einer von vielen Läden im Kiez, die Gegenstände aus aufgelösten Haushalten verkaufen.

Die Pannierstraße lockt durch ihr großes Angebot an Fastfood. Oft ist der Gehweg voll mit Menschen, die ihr Essen sitzend oder stehend auf dem Bürgersteig verzehren.

1 Es muss nicht immer eine schicke Bar sein: Manchmal reicht es schon, in der Sonne vor einem Späti zu sitzen, wie hier zwei Männer in der Weserstraße.

2 Auffällige Dekoration eines Balkons in der Hohrechtstraße

3 Die Ankerklause am Maybachufer/Ecke Kottbusser Damm galt schon als coole Adresse, als der Rest von Neukölln noch eine No-go-Area war.

sturm auf diesen hippen Teil Neuköllns profitieren: Das Bordell neben dem „Kuschlowski" musste einer Galerie weichen. An der Stelle eines anderen Rotlichtbetriebs öffnete ein Turnschuhladen, der Sneakers aus nachhaltiger Produktion verkauft.

Die Betriebsamkeit auf den Straßen und in den kleinen Ladenlokalen darf aber nicht darüber hinwegtäuschen, dass der Reuterkiez nach wie vor eine sozial schwache Gegend ist. Die Arbeitslosigkeit ist hier deutlich höher als im Berliner Durchschnitt. In den Schulen sind nahezu alle Kinder von der Pflicht befreit, ihre Schulbücher selbst zu bezahlen. Viele einkommensschwache Familien leben hier. Der Reuterkiez ist beides zugleich: Armuts- und Trendviertel. Bei Neuvermietungen lag die Kaltmiete schon 2012

oftmals bei mehr als zehn Euro pro Quadratmeter – das entspricht einer Verdoppelung in nur zwei Jahren und galt 2010 noch für betuchte Viertel wie Grunewald.

Eine wohlhabende Gegend war der Reuterkiez noch nie. Als das Viertel, das damals ein Teil der Gemeinde Rixdorf war, nach 1870 entstand, baute man hauptsächlich Mietskasernen mit engen Höfen: Auf möglichst kleinem Raum sollten möglichst viele Arbeiter aus der benachbarten Industriestadt Berlin untergebracht werden. Später nutzte das Rixdorfer Hochbauamt die Möglichkeit, Baugrund zu erwerben und beim Weiterverkauf Einfluss auf die Ausstattung und Gestaltung der Gebäude zu nehmen, um potentere Steuerzahler

1

2

3

anzusprechen – das war dringend nötig, hatte Rixdorf doch Anfang des 20. Jahrhunderts eines der niedrigsten Pro-Kopf-Steueraufkommen im ganzen Kaiserreich. So entstand in der Bürknerstraße zwischen Kottbusser Damm und Spremberger Straße ein Häuserblock mit leicht wellenförmiger Fassade, an dessen Entwurf der junge Bruno Taut beteiligt war. Alle Wohnungen des Komplexes hatten eine Zentralheizung und eigene Bäder – eine Seltenheit in einer Gegend, in der Kohleöfen und Außentoiletten noch bis in das späte 20. Jahrhundert verbreitet waren.

Am anderen Ende, wo die Bürknerstraße auf das Maybachufer trifft, passt sich ein nach Plänen von Reinhold Kiehl errichtetes Haus elegant in den spitzen Winkel der Kreuzung ein. Der 1905 zum ersten Stadtbaurat und Leiter des Rixdorfer Hochbauamtes gewählte Kiehl, nach dem das Ufer am Neuköllner Schiffahrtskanal benannt wurde, ist neben den Kommunalpolitikern Johann Friedrich Schinke, August Bürkner und Karl Pflüger, dem Juristen Rudolf Pannier und dem Webereibesitzer Hermann Sander einer der Straßennamenspaten mit lokalem Bezug. Ob der mecklenburgische Volksdichter Fritz Reuter hingegen jemals das heutige Neukölln besuchte, ist unklar, ebenso der Bezug von Otto von Bismarcks Eisenbahnminister Albert von Maybach zum Kiez, nach dem das Ufer am Nordrand des Viertels benannt wurde. Die Hobrechtstraße verdankt ihren Namen wiederum James Hobrecht, der den damaligen Gemeinden im Großraum Berlin ihren ersten Bebauungsplan und

damit die im Wesentlichen heute noch sichtbare Straßenführung sowie die Kanalisation bescherte.

Der Altbaubestand ist im Reuterkiez weitgehend erhalten, im angrenzenden Kreuzberg fielen mehr Häuser dem West-Berliner Sanierungsprogramm der späten Siebziger- und frühen Achtzigerjahre zum Opfer. Lediglich zwei entmietete und Ende 1980 besetzte Häuser in der Reuterstraße ließ der Senat – allerdings trotz ihres guten Zustands – abreißen, um

Von selbstgenähten Handyhüllen über selbstgestaltete Lampen bis hin zu afrikanischem Essen: Die Auswahl auf dem sogenannten Türkenmarkt am Maybachufer ist groß.

eine Seniorenwohnanlage zu bauen. Eigentlich sollte für dieses Projekt noch mindestens ein weiteres Gebäude dem Erdboden gleichgemacht werden, die Enteignung des Hauses Reuterstraße 45 scheiterte aber vor Gericht. Vor lauter Freude darüber nannte sich die Kneipe im Parterre, die bis dahin „Bierstübchen" geheißen hatte, in „Zum lustigen Alfons" um. Diesen Namen trägt die Kiezinstitution heute noch.

4 Der „Spät Campus" in der Weserstraße/Ecke Weichselstraße ist mehr als ein Späti: In dem geräumigen Laden kann man auch Billard spielen.

5 Eine säuberlich renovierte, für den Reuterkiez typische Hausfassade

6 Neben den vielen Gründerzeithäusern gibt es auch Neubauten im Kiez, hier mit Graffiti in der Schinkestraße.

4

5

6

In den Neunzigerjahren spürte man im nördlichen Neukölln kaum etwas von der Aufbruchsstimmung der Wiedervereinigung. Stattdessen verließen mehr und mehr Menschen den Reuterkiez, viele alteingesessene Geschäfte ließen für immer etwas auf sich hielt. Wer hierhin zog, tat das aus der Not heraus, oft mit dem unguten Gefühl, es nicht nach Kreuzberg geschafft zu haben. Bis 2005 standen noch rund 120 Ladenräume im Kiez leer. Ein Jahr später sorgte ein Hilferuf der Rütli-Schule für

Blick von der Kottbusser Brücke auf den Landwehrkanal. Auf der rechten Seite beginnt das Maybachufer.

die Rollläden herunter. Nur das Maybachufer, von dem man auf die Prachtbauten des Kreuzberger Paul-Lincke-Ufers blickt, florierte. Die Ankerklause an der Kottbusser Brücke war schon in den Neunzigerjahren angesagt, und auch der Türkenmarkt – so lautet tatsächlich der offizielle Name des Marktes, der dienstags und freitags Tausende Besucher anlockt – hat schon länger eine überregionale Bedeutung. Doch weiter hinein in den Kiez verirrte sich kaum jemand, schon gar nicht jemand, der mediales Aufsehen, da sich das Lehrpersonal der Hauptschule, die in den Vierziger- und Fünfzigerjahren auch der Krimiautor Horst Bosetzky und der Kaufhauserpresser Arno „Dagobert" Funke besucht hatten, mit außer Kontrolle geratenen Halbwüchsigen alleingelassen fühlte. Der Brandbrief wirkte. Aus dem Verwahrungsort für Jugendliche ohne Perspektive wurde das bundesweit beachtete Projekt „Campus Rütli": eine ganztägige, aus der Fusion mit einer Real- und einer Grundschule entstan-

>> Die Idee, eine Buchhandlung zu gründen, hatten wir im Krisenjahr 2009. Den Eindruck, dass der Buchhandel der kranke Mann der Wirtschaftswelt ist, können wir nicht bestätigen. Aber vielleicht ist unsere Lage, unser Kiez speziell. Unsere Klientel ist hauptsächlich zwischen 30 und 45, eher linksliberal, kultiviert, offen, urban und sehr interessiert daran, was in der literarischen Szene gerade los ist. Natürlich verkaufen wir auch Bücher von der Bestsellerliste wie Kehlmann, Auster oder

Illies. Aber Top-Seller wie „Shades of Grey" zum Beispiel laufen so gut wie gar nicht. Dafür hingegen Titel, die anderswo keinen so großen Erfolg haben, etwa Ernst Haffners „Blutsbrüder", in dem es um Jugendbanden im Berlin der Dreißigerjahre geht. Bei den Sachbüchern verkaufen sich Titel besonders gut, die mit Gentrifizierung, Energiewende oder sozialer Ungleichheit zu tun haben. Und von Sommer zu Sommer verkaufen wir mehr Postkarten, weil immer mehr Leute in Neukölln Urlaub machen.

Philipp Sawallisch, Inhaber der Buchhandlung „Stadtlichter" in der Bürknerstraße

dene Gemeinschaftsschule, die sich etwas einfallen lässt, um die Schüler zu begeistern, etwa Boxen als Wahlpflichtfach oder die Gründung eines eigenen Kleiderlabels. Für „Rütli-Wear" entwerfen die Schülerinnen und Schüler im Kunst- und Arbeitslehreunterricht Motive und bedrucken Textilien, die sie recht erfolgreich verkaufen. Möglicherweise war die mediale Aufregung um die Rütli-Schule als „Terrorschmiede" sogar ein wenig aufgebauscht – einige Fernsehteams sollen den Jugendlichen Geld geboten haben, um die gewünschten Krawallszenen filmen zu können.

Von der Öffentlichkeit unbemerkt hatte zu dieser Zeit der Wandel im Kiez jedoch längst begonnen: Kulturschaffende erhielten mithilfe einer Zwischennutzungsagentur, die leere Räumlichkeiten vermittelt, günstige Mietverträge und konnten Projekte realisieren, die in Prenzlauer Berg oder

Friedrichshain nicht mehr möglich waren, weil dort der kommerzielle Verwertungsdruck schon viel zu hoch geworden war. Mehr oder weniger mittellose Kreative gesellten sich zu Ärmeren ohne Arbeit. Noch etwas verschämt nannten die Zugezogenen ihr neues Zuhause „Kreuzkölln", um deutlich zu machen, dass sich der Reuterkiez in bester Lage befindet und nicht so schlimm ist wie sein Ruf. Alles Schnee von gestern. Spätestens seit 2010 versteckt sich Neukölln und mit ihm sein hipster Kiez nicht mehr. Der Verweis auf den prominenten Nachbarbezirk ist obsolet geworden – bedeutungslose Maklerlyrik. Sven Regeners Romanfigur würde wohl den Kopf schütteln und so schnell wie möglich heim zum Lausitzer Platz laufen. Die Herr Lehmänner der Smartphone-Generation sehen das anders. Sie muss man nicht mehr in den Reuterkiez locken, sie sind schon längst da.

7 Die Figuren des zum Andenken an den Dichter Fritz Reuter errichteten Brunnens sind zwei Gestalten aus dessen Werk nachempfunden.

8 Fotoautomaten sind mittlerweile zum Kultobjekt geworden: Mit dem Exemplar in der Weserstraße schafft sich das Partyvolk eine Erinnerung an den Abend.

9 Eine in freundlichem Gelb gestrichene Hausfassade

10 Blick auf den Fritz-Reuter-Brunnen, der zur denkmalgeschützten Grünanlage des Reuterplatzes gehört

7

8

9

10

Witzleben

Prunkvolle mit Marmor verzierte Eingangshalle eines Wohnhauses von 1905 am Stuttgarter Platz/Ecke Windscheidstraße

Zwischen Park und Platz

Jahrzehntelang trennte die Windscheidstraße den Witzlebener Kiez in zwei Teile: in die feine Wohngegend am Lietzensee und in die zwielichtige Ecke rund um den Stuttgarter Platz. Das ändert sich allmählich.

Es muss wohl am Namen liegen, mutmaßten Spaßvögel schon vor fast 100 Jahren, wenn die Frage aufkam, warum sich so viele Chinesen ausgerechnet

um die Kantstraße angesiedelt hatten. Kant klinge eben so ähnlich wie ihre mutmaßliche Heimatstadt Kanton in China. Im Chinesischen hieß sie allerdings auch damals schon Guangzhou, die Verwechslungsgefahr hielt sich also in Grenzen.

In der Kantstraße 118 residierte in den Zwanzigerjahren der Verein chinesischer Studenten. Söhne aus gutem Hause schickte man zum Studieren nach Europa, wobei Berlin besonders beliebt war, weil die Lebenshaltungskosten hier wesentlich geringer waren als in London oder Paris – ein bisschen musste wohl auch die chinesische Oberschicht aufs Geld achten. Mit dem „Tientsin" gab es ein paar Häuser weiter Richtung Osten, in der Kantstraße 130b, seit 1923 sogar schon ein chinesisches Restaurant, betrieben von einem ehemaligen Koch der chinesischen Gesandtschaft. Die Kellner, die die vorwiegend asiatischen Gäste bedienten, waren im Vergleich zu heute allerdings meist Einheimische. Nach 1945 musste das Lokal schließen, da aufgrund der mit der Kriegsniederlage verbundenen schwierigen wirtschaftlichen Situation in Berlin die Gäste ausblieben.

Vermutlich zog es die chinesischen Studenten in den Zwanzigerjahren nach Charlottenburg, weil viele von ihnen an der Technischen Hochschule, der heutigen Technischen Universität, studierten und weil hier in vielen hochherrschaftlichen Wohnungen ein Zimmer bei einer Kriegerwitwe frei war. Kriegerwitwen gab es zwar in der ganzen Stadt, aber nicht alle verfügten über Räumlichkeiten, die den Ansprüchen standesbewusster Studenten entsprachen. Auch von den mindestens 6000 Chinesen, die heute in Berlin leben, kam ein Großteil zum Studium nach Deutschland. Denen, die geblieben sind, verdankt Charlottenburg einen Hauch von Chinatown. Neben den Restaurants etablierten sich vor allem chinesische Antiquariate und Einrichtungsgeschäfte auf der Kantstraße – auf Höhe des Savignyplatzes etwas feiner, auf dem Witzlebener Abschnitt zwischen Windscheidstraße und Wilmersdorfer Straße etwas ramschiger und schmuddeliger.

Doch die besten Zeiten der nicht nur von Chinesen, sondern auch von Russen, Libanesen oder Vietnamesen geführten Import-Export-Geschäfte für billige Elektronik- und Haushaltswaren, die das Bild der westlichen Kantstraße bis vor einiger Zeit geprägt haben, sind vorbei. Branchenkenner bringen dies mit der EU-Osterweiterung in Verbindung: Heute lohne es sich nicht mehr, solche Waren im Westen einzukaufen und in den mittel- und osteuropäischen Ländern weiterzuverkaufen. Und

seit die Bahnsteige des S-Bahnhofs Charlottenburg 2005 „umgeklappt" wurden – das heißt 200 Meter ostwärts verlegt, um das Umsteigen zur U7 am U-Bahnhof Wilmersdorfer Straße zu erleichtern –, fehlen den Kunden, die vormals kartonweise Elektrogeräte einkauften, zudem die Parkplätze, die sich auf dem unwirtlichen Platz vor dem Bahnhofsgebäude befanden. Auch die Striplokale, für die der Stuttgarter Platz berüchtigt war, verabschieden sich nach und nach. Bis zur Wende war er ein Zentrum des Rotlichtmilieus, doch dann zogen die Alliierten ab, und die Touristen strömten in andere Bezirke: Den Etablissements gingen folglich die Kunden aus, von ihnen existieren nur noch eine Hand voll.

Der Stuttgarter Platz verändert sich. Vor allem auf seiner westlichen Seite, zwischen Windscheidstraße und Kaiser-Friedrich-Straße, haben in den letzten Jahren gastronomische Einrichtungen geöffnet, die nichts mehr mit dem Schmuddelimage eines Bahnhofsvorplatzes zu tun haben: Der Sohn eines Pariser Sternekochs eröffnete die Brasserie „Lamazère" im Stil seiner Heimatstadt und der Bruder des alteingesessenen Feinkosthändlers „Salumeria da Pino" in der Windscheidstraße machte sich mit der sizilianischen Trattoria „Focaccino" selbstständig. Auch der „Berliner Teesalon" zog von der Invalidenstraße

Von wegen schmuddelig: Der westliche Teil des Stuttgarter Platzes war schon immer etwas Besseres.

hierher, weil die Mieten in Mitte zu teuer wurden. Genau deshalb mischt sich bei den Anwohnern mittlerweile aber auch Sorge unter die Freude über den Wandel, schließlich bedeutet Aufwertung auch steigende Wohnkosten.

Jahrzehntelang stand der „Stutti" für alles andere als gehobenes Wohnen. In der Nachkriegszeit florierte hier der Schwarzmarkt. Und bis 1966, als der Zentrale Omnibusbahnhof gegenüber dem Messegelände am Funkturm in Betrieb ging, starteten hier die Interzonenbusse nach Westdeutschland. In dieser wuseligen Atmosphäre wurde der Klassiker der Berliner Schnellgastronomie geboren: die Currywurst.

Blick auf den Stuttgarter Platz mit seiner charakteristischen Mischung aus Grünanlage und Beton.

Angeblich aus Langeweile begann die Imbissbudenbesitzerin Herta Heuwer an einem regnerischen Tag im September 1949, verschiedene Gewürze mit Tomatenmark zu verrühren. Die Kombination mit Curry hatte es ihr schließlich so stark angetan, dass sie diese Sauce künftig zu ihren Dampfwürsten servierte. Die Currywurst kam gut an und Heuwer, die gelernte Schneiderin war und von 1936 bis 1940 als Verkäuferin im KaDeWe gearbeitet hatte, zog 1950 von ihrer Bude Ecke Kantstraße/Kaiser-Friedrich-Straße bloß wenige Meter weiter in ein Ladenlokal in der Kaiser-Friedrich-Straße 57. Nachdem die Currywurst Mitte der Fünfzigerjahre einen Eintrag im Duden erhalten hatte, ließ sich Heuwer ihre Sauce 1959 unter dem Namen „Chillup" markenrechtlich schützen. 1963 beschäftigte sie 19 Angestellte, die im Schichtbetrieb rund um die Uhr Currywürste verkauften. Mit ihrem Betrieb zog sie 1972 wiederum ein paar Häuser weiter über die kreuzende Kantstraße hin-

weg in die Nummer 61. Kurz darauf wurde der alte Standort, der Altbau mit der Hausnummer 57, der den Krieg unbeschadet überstanden hatte, abgerissen. Dort, heute Kantstraße 101, hat sich mittlerweile ein asiatischer Supermarkt eingerichtet. Eine Gedenktafel erinnert hier an Heuwers Kreation. Den Mythos um die Erfindung der Currywurst zweifelt die Imbissforschung allerdings an. Sie geht davon aus, dass mehrere Wurstbrater Ende der Vierzigerjahre daran arbeiteten, einen Ersatz für das nur schwer erhältliche Ketchup zu schaffen. Doch wie formulierte es Herta Heuwer selbst einmal in einer Talkshow Jahrzehnte später? „Ich habe das Patent und damit basta".

Das Haus in der Kaiser-Friedrich-Straße 54a, in dem heute das Hotel „Stuttgarter Eck" sitzt, bewohnte 1967/68 die legendäre „Kommune 1" um Fritz Teufel, Dieter Kunzelmann, Rainer Langhans und Uschi Obermeier, bis sie nach Moabit in

1 Prächtige Skulptur an einer Hausfassade in der Windscheidtstraße

2 Denkmalgeschützter Bau des ehemaligen Reichsmilitärgerichts in der Witzlebenstraße

3 Die katholische Kirche St. Canisius in der Witzlebenstraße wirkt nicht nur modern, sie ist es auch.

4 Morgenstimmung am Lietzensee

1

2

3

4

eine Fabriketage weiterzog. Andere Anhänger der 68er-Bewegung blieben dem Kiez hingegen treu, machten in Anwaltskanzleien, Schulen und Hochschulen Karriere und begannen sich in Initiativen für die Nachbarschaft zu engagieren. So erreichten sie in den Achtzigerjahren, dass die Leonhardtstraße ihre außergewöhnlich geräumigen Bürgersteige, die noch auf die früheren Vorgärten der vornehmen, aber nicht übertrieben herrschaftlichen Altbauten hinweisen, nicht zugunsten einer breiteren Straße mit mehr Parkplätzen hergeben musste. Auch die Begrünung samt Spielplatz am westlichen Ende des Stuttgarter Platzes zwischen Rönnestraße und Windscheidstraße geht auf Anwohnerinitiativen zurück.

Eine deutlich größere Herausforderung stellte sich den Bürgern allerdings im Jahr 1999, als Pläne für den Umbau des Bahnhofs Charlottenburg öffentlich gemacht wurden. Dabei sollte nicht nur die Lage der S-Bahnsteige verändert werden. Auch ein zwanziggeschossiges Hochhaus sollte als Mittelpunkt eines 200 Meter langen Gebäuderiegels nördlich der Bahntrassen zwischen Lewishamstraße und Wilmersdorfer Straße entstehen. Besorgt um die Verschattung des ganzen Stuttgarter Platzes, sammelten die in der „Bürgerinitiative Stuttgarter Platz" vertretenen Anwohner und Gewerbetreibenden Unterschriften gegen den Bebauungsplan – mit Erfolg: Am Ende wurde statt des Gebäudes als Ausgleichsmaßnahme für Bäume, die im Zuge der „Umklap-

Eine der feineren Adressen im Kiez

pung" und beim Bau von Schallschutzwänden der Säge zum Opfer fielen, eine von der Deutschen Bahn finanzierte Grünanlage längs der Stadtbahn zwischen Wilmersdorfer Straße und Windscheidstraße errichtet, also auf beiden Hälften des Stuttgarter Platzes. Wobei Grünanlage vielleicht nicht der richtige Begriff ist: Der Anteil der bepflanzten Fläche dürfte hier wohl nicht größer sein als der der unbepflanzten.

Wer ins Grüne will, orientiert sich ohnehin eher am westlichen Rand des Kiezes, wo sich der Lietzen-

Gedenktafel für die Opfer des Nationalsozialismus, angebracht auf dem Gehweg vor dem ehemaligen Reichskriegsgericht in der Witzlebenstraße

see vom Kaiserdamm im Norden bis fast zur Stadtbahn im Süden erstreckt. Der See hat keinen Zufluss und speist sich ausschließlich aus Grundwasser, es gibt jedoch einen unterirdischen Abfluss zur Spree. Den Lietzensee und seine Umgebung erwarb General Wilhelm von Witzleben, der sich 1827 einen Park an der westlichen Seite des Sees anlegen ließ, um hier die Sommermonate zu verbringen. Drei Jahre nach seinem Tod erhielt der Park 1840 seinen Namen. Noch im selben Jahr wurde das Gelände verkauft, das in der Folgezeit mehrmals den Besitzer wechselte. 1899 kaufte es die Terrain-Gesellschaft Park Witzleben, die den öffentlichen Lietzenseepark schuf. Seit 1904 besteht der See aus zwei bloß durch einen schmalen Durchfluss verbundenen Hälften, da für die Verlängerung der Kantstraße in Richtung Westend ein Damm aufgeschüttet wurde. Erst seit 1954 können Fußgänger unter der Sandsteinbrücke lang laufen

und das gesamte Westufer entlang spazieren, ohne die viel befahrene Neue Kantstraße queren zu müssen.

Nahe einem Spielplatz befindet sich an der Nordhälfte des Sees ein putziges Häuschen mit auffälligem Holzgiebel. Baustadtrat Rudolf Walter entwarf das 1924/25 errichtete Gebäude für den Parkwächter. Dieser hatte seine Dienstwohnung im ersten Stock, während im Erdgeschoss die Parkbesucher Milch und Wasser kaufen konnten. Die idyllische Lage des Häuschen hatte die Stelle des Parkwächters in den Zwanzigerjahren zu einem der begehrtesten Jobs in Charlottenburg gemacht, schließlich war das „normale" Wohnen am Lietzensee – damals wie auch heute – unbezahlbar. Bis 2012 war das Erdgeschoss an ein Café mit Biergarten verpachtet, in den Räumen im Ober- und Dachgeschoss befanden sich ein Büro sowie Toiletten und eine Vielzahl von Duschen für die Parkarbeiter. Eine sinnvolle Nutzung zu finden, fällt dem Bezirk schwer. Das Obergeschoss kommt aufgrund der engen Treppen und eines fehlenden Fluchtwegs als Kita oder Seniorentreff nicht in Frage. Und Umbauten sind in dem denkmalgeschützten Gebäude nur begrenzt möglich.

Wesentlich unkomplizierter war die Umgestaltung der Liegenschaft Witzlebenplatz 1–2 bzw. Witzlebenstraße 4–5. In dem ebenfalls denkmalgeschützten Gebäude befinden sich heute luxuriöse Wohnungen mit Seeblick, für die schwindelerregende Mieten gezahlt werden. Als kaiserliches Militärgericht erbaut, war es Sitz des Reichskriegsgerichts, das in der Zeit des Nationalsozialismus Deserteure und der „Wehrkraftzersetzung" beschuldigte Zivilisten hinrichten

5 Hausfassade mit Laterne am Witzlebenplatz

6 Restaurant am Stuttgarter Platz

7 Pompöser Treppenaufgang im Gebäude Stuttgarter Platz 20

8 Café im Bootshaus am Lietzensee

5

6

7

8

» Wir Kontaktbereichsbeamten sagen immer, wir sind die guten Polizisten. Das Miteinander zu managen, dafür sind wir da. Wir zeigen auf der Straße Gesicht. Mein Einsatzbereich reicht von der Krummen Straße über die Wilmersdorfer, die Kantstraße bis zur Windscheidstraße und zurück über den Stuttgarter Platz. Ich bin nur zu Fuß unterwegs. 80 Prozent meiner Arbeit bestehen aus Gesprächen mit den Bürgern, 20 Prozent aus Maßnahmen wie zum Beispiel Aufenthaltsermittlungen oder Vollstreckungen von Haftbefehlen. Meistens geht es da um nicht gezahlte Geldstrafen. In meinem Job muss man mit Fingerspitzengefühl vorgehen. In vielen Fällen habe ich eine Schlichtungsfunktion, auch wenn gar keine Straftat vorliegt. Da stört es den einen Ladenbesitzer, wenn der andere seine Kartons vor seinem Laden abstellt. Das sind Kleinigkeiten, aber manchmal können die schnell eskalieren.

Polizeihauptkommissar Bodo Rehbann, von 1994 bis 2014 Kontaktbereichsbeamter im Abschnitt 24 der Direktion 2, vor dem ehemaligen Reichsmilitärgericht

ließ. Von 1951 bis 1990 tagte hier anschließend das für West-Berlin zuständige Kammergericht. Als 1989 einige Berliner Politiker eine provisorische vom Besitzer nicht genehmigte hölzerne Gedenktafel für die Opfer des Reichskriegsgerichts am Gebäude anbrachten, wurde sie auf persönliches Betreiben des Kammerrichters Egbert Weiß entfernt, der an dem umstrittenen Freispruch eines NS-Juristen maßgeblich beteiligt gewesen war. Deshalb steht eine vom Bezirk aufgestellte metallene Gedenktafel nun auf dem Bürgersteig, da dort der Einfluss des Hausbesitzers endet.

Vor ihrer Hinrichtung wurden weibliche Opfer der NS-Justiz in dem Gebäudekomplex in der Kantstraße 79 gefangen gehalten. Das Vorderhaus nutzte bis 2010 die Nachlassverwaltung des Bezirks Charlottenburg-Wilmersdorf, das einstige Gefängnis im hinteren Teil stellte dagegen schon 1985 seinen Betrieb

ein und wurde anschließend als Aktenlager genutzt. Hier entstanden Szenen aus der Bernhard-Schlink-Verfilmung „Der Vorleser" mit Kate Winslet. Der Berliner Liegenschaftsfonds verkaufte die Immobilie 2011 an einen privaten Investor. Was der neue Eigentümer damit plant, ist noch unklar. Eine dauerhafte Nutzung als Drehort scheidet vermutlich aus, da die Nachfrage nach Gefängnissen als Filmsetting eher begrenzt ist. Zudem verbietet der Denkmalschutz größere Umbaumaßnahmen. Wird es vielleicht zu einem Hotel oder Hostel? Ein irrwitziger Gedanke ist das nicht, das zeigt das ehemalige Gefängnis Rummelsburg in Lichtenberg, auf der anderen Seite der Stadt, wo „Das Andere Haus VIII" mit renovierten, bunt angestrichenen Nichtraucherzellen im minimalistischen Design wirbt, die heute – ohne die Gitterstäbe – eine freie Sicht auf den Rummelsburger See ermöglichen.

9 Kreuzung Stuttgarter Platz/Lewishamstraße

10 Blick vom dicht bewachsenen Ufer auf den Lietzensee

11 Haus mit imposanter Glaskuppel am Stuttgarter Platz/Ecke Leonhardtstraße

9

10

11

Bergmannkiez

Häuserfassaden am Chamissoplatz

Ein bisschen Montmartre

Ob zum Shopping, Sightseeing, Schlemmen oder Wohnen – es gibt viele Gründe, sich im Quartier zwischen Mehringdamm, Gneisenaustraße, Hasenheide und dem ehemaligen Flughafen Tempelhof aufzuhalten.

Selten musste ein Wahlsieger mit einer so kleinen Bühne vorliebnehmen: Drei mal zwei Meter maß

der fensterlose Kellerraum, in dem der entführte Politiker Peter Lorenz am Abend des 2. März 1975 erfuhr, dass seine CDU stärkste Fraktion im Berliner Abgeordnetenhaus geworden war. In der Nacht zum 5. März ließen ihn seine Entführer von der „Bewegung 2. Juni", deren Name auf die Ermordung Benno Ohnesorgs am 2. Juni 1967 anspielte, im Volkspark Wilmersdorf schließlich frei.

Bundeskanzler Helmut Schmidt hatte zuvor ihren Forderungen nachgegeben und fünf ihrer bis dahin inhaftierten Gesinnungsgenossen nach Südjemen ausfliegen lassen. Regierender Bürgermeister wurde Lorenz trotzdem nicht, da sich die FDP der bislang allein regierenden SPD als Koalitionspartner andiente.

Das „Volksgefängnis", in dem der CDU-Politiker seine sechstägige Geiselhaft verbringen musste, befand sich in der Schenkendorfstraße 7. Um die Tarnung perfekt zu machen, eröffneten die Terroristen schon Monate vor der Entführung in dem Ladenraum über dem Kellerverlies ein Secondhand-Geschäft, für das sich eine damals noch nicht polizeibekannte Genossin – Gabriele Rollnik – sogar eigens einen Gewerbeschein besorgte. Und während der gekidnappte Lorenz in dem mit einem Che-Guevara-Plakat geschmückten Verschlag um sein Leben bangte, ging oben die eine oder andere gebrauchte Ware über den Tresen. Als die aus Sicht der „Bewegung 2. Juni" erfolgreiche Aktion beendet war, stellten die auch als „Haschrebellen" bekannten Anarchisten ihre gewerblichen Tätigkeiten wieder ein. Der eigentlichen Mieterin des Ladens, die glaubte, das Trödelgeschäft diene der Finanzierung einer Fraueninitiative, übergaben sie ein säuberlich geführtes Buch, das sämtliche An- und Verkäufe dokumentierte.

Auch heute wäre diese Tarnung noch überaus glaubhaft. Ob Schallplatten und CDs, Lampen aus dem frühen 20. Jahrhundert, antiquarische Bücher oder Büromöbel – der Kiez um die Bergmannstraße ist Berlins Secondhand-Eldorado. Das gilt vor allem für Textilien. Seit Jahrzehnten locken die Händler der gebrauchten, aber nicht zwangsläufig günstigen Klamotten vorwiegend jüngere Menschen aus aller Welt in den südwestlichen Teil Kreuzbergs. Ist die Bergmannstraße also nur eine „Tourimeile"? Bei Weitem nicht. Es sind die Fachgeschäfte unter anderem für Messer, Naturkosmetik, Männergeschenke, Kinderspielzeug, Kriminalliteratur und Comics sowie die Feinkostspezialisten in der Markthalle am Marheinekeplatz, die eine überregionale Bedeu-

Wie einem Bild von Caspar David Friedrich entsprungen: Romantisches Ambiente am Chamissoplatz

tung haben und Berliner aus allen Kiezen anlocken. Dies alles, zusammen mit der prosperierenden Gastronomie, sorgt für jede Menge Trubel auf der Kiezmagistrale. Lieferwagen halten in zweiter oder dritter Reihe, und auf den Bürgersteigen treten sich die Passanten buchstäblich auf die Füße.

Vor allem aber prägen Radfahrer das Verkehrsgeschehen. Eine Verkehrszählung von 2007 ergab, dass sich auf der Bergmannstraße in dem Abschnitt zwischen Friesenstraße und Mehringdamm rund 400 Radfahrer pro Stunde bewegten, während es im gleichen Zeitraum bloß etwa 320 Autos waren. Inzwischen dürfte der Radanteil dem gesamtstädtischen Trend folgend weiter gewachsen sein. Auch in den Wintermonaten findet sich vor der Markthalle kaum ein freier Fahrradbügel. 2008 erreichte der Umweltverband BUND, dass der östliche Teil der Bergmannstraße zwischen Südstern und Marheinekeplatz als Fahrradstraße ausgewiesen wurde. Radfahrer haben seither gegenüber Autofahrern eine gestärkte Position. Sie dürfen zu zweit nebeneinander herfahren, ohne weggehupt zu werden – selbst wenn den Autofahrern dadurch das Überholen unmöglich ist. Auch in dem westlichen Abschnitt der Bergmannstraße ist eine Entschleu-

Die teils verwinkelten Läden in der Bergmannstraße sind ein Paradies für all diejenigen, die gerne stöbern.

1 Der Viktoriapark liegt auf dem Kreuzberg, der höchsten natürlichen Erhebung der Berliner Innenstadt, auf dessen Spitze das charakteristische Schinkel-Denkmal thront.

2 Charmante Häuserfassaden à la Montmartre in der Arndtstraße

3 Buchhändler Christian Koch in der Krimibuchhandlung „Hammett" in der Friesenstraße

4 Markthalle am Marheinekeplatz an der Kreuzung Zossener Straße/Bergmannstraße, wo der starke Durchgangsverkehr für Ärger sorgt

nigung des Verkehrs vorgesehen. Hier soll wie auch in der Schöneberger Maaßenstraße und am Checkpoint Charlie eine sogenannte Begegnungszone entstehen, die sich durch eine gegenseitige Rücksichtnahme aller Verkehrsteilnehmer sowie durch deren Gleichberechtigung auszeichnet. Allerdings ist umstritten, ob die Zossener Straße an ihrem südlichen Ende, wo sie in die Bergmannstraße einmündet, für den motorisierten Individualverkehr gesperrt werden soll, also dort, wo das Fußgängeraufkommen im Kiez am größten und der Verkehrslärm am störendsten ist. Besonders die Anwohner der Friesenstraße leiden unter dem Durchgangsverkehr, der in Süd-Nord-Richtung durch ihre und die Zossener Straße geht. Die Friesenstraße, die von der Berg-

mannstraße abgehend in Richtung des ehemaligen Flughafengeländes zum Teltower Plateau ansteigt, ist neben der Mariannenstraße in SO 36 die letzte Straße Berlins, wo Durchgangsverkehr in nennenswerter Größenordnung über Kopfsteinpflaster rattert. Die Senatsverwaltung will die Friesenstraße und Zossener Straße weiterhin als Durchgangsstraßen erhalten, um den Mehringdamm zu entlasten. Anwohnerinitiativen sowie der Bezirk wollen hingegen das Nadelöhr an der Markthalle schließen. Nach ihren Vorstellungen sollen nur noch die BVG-Busse der Linie 248 sowie Krankenwagen und die Polizei die Ecke passieren dürfen.

Solange die Polizei diese S-Kurve nutzt, dürfen die Passanten regelmäßig ein erhabenes Spektakel

1
2
3
4

bewundern: die Durchfahrt des Begleitschutzkommandos auf dem Weg ins Regierungsviertel, mit Blaulicht und perfekt einstudierter Choreografie. Denn wenn Staatsbesuch in Berlin weilt, was praktisch täglich der Fall ist, übernehmen in der Friesenstraße stationierte Motorradpolizisten seinen Schutz. Sie gehören zum Zentralen Verkehrsdienst, einer der Polizeieinrichtungen, die neben der Kraftfahrzeugzulassungsstelle in dem weitläufigen Kasernengelände am südöstlichen Rand des Bergmannkiezes untergebracht sind.

Doch während westlich der Friesenstraße, wo früher Autowerkstätten und Kleingärten waren, ein neues Wohnquartier entsteht und ganz Berlin über die Zukunft des nur einen Steinwurf entfernten Tempelhofer Felds diskutiert, ist es um das von hohen Mauern geschützte Kasernenareal erstaunlich still. Seit 1920 nutzt die Polizei die denkmalgeschützten Backsteinbauten zwischen Friesenstraße, Columbiadamm, Jüterboger und Golßener Straße und würde das sicherlich auch gerne weiterhin tun. Aber ist das wirklich die beste Lösung in einer Zeit, in der Berlin stark wächst und Wohnraum immer knapper wird?

Gegenüber, auf der anderen Seite des Columbiadamms, stehen im alten Flughafengebäude über 60 000 der insgesamt 300 000 Quadratmeter großen Fläche dauerhaft leer, ohne dass bislang ein Nutzungskonzept in Sicht ist. Der Komplex lässt sich, anders als die Polizeikaserne, unmöglich zu Wohnungen umbauen. Derzeit befinden sich hier das Landeskriminalamt und das Polizeipräsidium – warum nicht noch mehr Dienststellen dort ansiedeln und das Kasernengelände für Wohnen und Gewerbe öffnen?

Seine ungebrochene Attraktivität verdankt der Bergmannkiez auch der ungewöhnlich gut erhaltenen Altbausubstanz, vor allem die Sträßchen rund um den Chamissoplatz versprühen einen Montmartre-Charme. Nur noch die Boulespieler fehlen zur Erfül-

Auf den Bürgersteigen der Bergmannstraße herrscht zu jeder Zeit dichtes Gedränge.

lung des Klischees, mag man sich bei einem sommerlichen Spaziergang über den Chamissoplatz denken, und stolpert alsbald über die erste silberne Kugel. Wer hier eine Wohnung ergattert hat, gibt sie freiwillig nicht wieder her. Die Touristen, die gelegentlich von der Bergmannstraße hangaufwärts laufen, können ihre Kameras kaum sinken lassen, so verlockend erscheinen die durchgehende Stuckatur an den Häuserfassaden und die schmiedeeisernen Balkongitter, an denen sich so manches Efeu emporrankt.

Der Kiez hat Glück gehabt. Ob es die schlechte Sicht durch den Rauch der bereits abgeworfenen

5 Cafébesucher in der Bergmannstraße

6 Große Liegewiese am Hang des Viktoriaparks

7 Hübsch verzierter Balkon in der Bergmannstraße

5

6

7

auf die Reichshauptstadt flogen und dabei weite
Teile Kreuzbergs dem Erdboden gleichmachten,
kam der südliche Rand noch einigermaßen glimpflich davon. Zu den am stärksten zerstörten Gebäuden gehörte allerdings die später wiederaufgebaute
Markthalle am Marheinekeplatz. Während nach
Kriegsende im Keller der Verkauf weiterging, wurde
auf der eigentlichen Verkaufsfläche ein Betriebs-
bahnhof für eine der Kreuzberger Trümmerbahnen
eingerichtet, von wo aus der Schutt zur Hasenheide
transportiert wurde.

1964 wurde das Viertel um den Chamissoplatz
zum geschützten Baubereich erklärt, Arbeiten an
den Fassaden durften Hausbesitzer in umliegenden
Straßen nur noch mit behördlicher Genehmigung
ausführen. Eine Pflicht zum Erhalt war damit aber
nicht verbunden, die Mietshäuser aus der Gründerzeit gammelten wie in anderen Berliner Altbaukiezen
vor sich hin, während besserverdienende Mieter in
Neubauten umzogen und viele Geschäfte aufgaben.
Der Schutz der Gebäude bezog sich allerdings nur
auf die repräsentativen Vorderhäuser. Die inneren
Blöcke sollten durch den Abriss von Seitenflügeln
und Hinterhäusern „saniert" werden, die dadurch
gewonnene Fläche wollte man der in den Siebzigerjahren vorherrschenden Planungsideologie einer autogerechten Stadt folgend vorwiegend dem ruhenden
Verkehr widmen. Als Sanierungsträger fungierte die
landeseigene Wohnungsbaugesellschaft Gewobag, die
so viele Häuser wie möglich aufkaufte. In die schon
weitgehend entmieteten Abrisshäuser setzte man
Mieter, die man ohnehin bald wieder loszuwerden
gedachte, nämlich aus der Türkei stammende Arbeits-
migranten. Die vom Senat beauftragten Planer hielten 1978 fest: „Für abwegig halten wir die Forderung
nach Beibehaltung der sozialen Vielfalt der Bevölke-
rungsstruktur, wenn es auch neben nostalgischen oder
ästhetischen plausible Gründe dafür geben mag."

Die geplante Vernichtung preiswerten Wohn-
raums stieß allerdings auf Widerstand. Das Ergebnis: Im Bereich zwischen Mehringdamm, Bergmannstraße, Heimstraße und Fidicinstraße wurden
zwischen 1976 und 2003 lediglich 39 Wohngebäude

Das „Knofi" in der Bergmannstraße bietet Delikatessen aus dem Mittelmeer-
raum an.

Brandbomben oder eine strategische Verschonung
des Flughafen Tempelhofs war: Als US-amerikanische Flugzeuge am 3. Februar 1945 einen der
schwersten Bombenangriffe des Zweiten Weltkriegs

>> Mein Kiez ist nicht die Bergmannstraße, ich ziehe den Chamissoplatz vor. Seit Ende der Siebzigerjahre bin ich dort im Kreis der Künstler um die ehemalige Galerie am Chamissoplatz präsent. Hier lebt eine aktive Boheme. Schauspieler, Literaten, Fotografen, Grafiker, Bildhauer und begnadete Boulespieler. Im Sommer spielt sich alles draußen ab, im Winter in den Kneipen. Die spezielle Atmosphäre, das Laissez-faire, ist bis heute quicklebendig. Anfang der Achtzigerjahre konnte ich mit

dem Fotografen Wolfgang Krolow und dem Galeristen Werner Tammen eine postdadaistische Aktion entwickeln, die diesen unbekümmerten Geist widerspiegelt. Wir erfanden einen Künstler mit dem Namen Blaise Vincent. Ich malte seine großformatigen Bilder an zwei Nachmittagen und dann präsentierten wir Blaise der Öffentlichkeit. Kurze Zeit später schätzte sich die Neue Nationalgalerie glücklich, im Besitz eines echten Blaise Vincent zu sein. Ich hätte ihn gern länger am Leben gehalten, aber der Kiez hat geplaudert, sodass wir nach einem halben Jahr den Fake aufdecken mussten.

Ernst Volland, Satiriker, bildender Künstler und Mitinhaber der Fotoagentur „Voller Ernst", am Chamissoplatz

ganz oder teilweise abgerissen, ursprünglich sollte es ein Vielfaches davon sein. Und auch die soziale Vielfalt ist geblieben: Die türkischstämmigen Kiezbewohner sind in vielen Häusern die ältesten Mieter. Das macht sich auch im öffentlichen Leben bemerkbar, so erfüllt der familienbetriebene Lebensmittelladen „Satici" in der Bergmannstraße schon längst die Funktion des Tante-Emma-Ladens von nebenan, die Biosupermarkt und Discounter nicht übernehmen können und wollen.

Der Bergmannkiez ist nicht nur sehr beliebt – vor allem auch wegen des malerischen Ambientes des nahe gelegenen Viktoriaparks mit seinem markanten Wasserfall –, er ist sich auch treu geblieben. Sicher, auch hier steigen die Mieten, und so mancher Vermieter zieht einen gesichtslosen Schnellimbiss dem alteingesessenen Fachgeschäft vor. Aber wie so oft unkten in der Vergangenheit schon die Skeptiker, es drohe die totale „Ballermannisierung", um gleichzeitig einzuräumen, dass der Kiez noch immer nichts von seiner Anziehungskraft verloren hat – und auch nur wenig von seiner Widerstandskraft. So hat er auch den „Klotz" überlebt, der sich einigermaßen in das Umfeld integriert hat. Auf dem Grundstück

Bergmannstraße 5–7 stand neben dem heute noch existierenden denkmalgeschützten ehemaligen Umspannwerk einst die Habelsche Trinkhalle. Sie wurde 1880 erbaut und stammte aus einer Zeit, als die sanft in Richtung Tempelhof ansteigenden Weinberge noch ein Ausflugsziel vor den Toren Berlins waren. 2006 ließ ein Investor die Trinkhalle und einen vom Kiez-Reichelt genutzten Flachbau abreißen, um auf dem früheren Brauereigelände einen sechsgeschossigen Neubau zu errichten. Mit seinem 2008 fertiggestellten „Gesundheitszentrum" warb er um Mieter aus der Medizin- und Wellnessbranche, auch ein Supermarkt hielt Einzug in den Komplex. Die Anwohner protestierten heftig, kaum einer von ihnen hatte sich über mangelnde ärztliche Versorgung beklagt. Auf einer mittlerweile verdeckten Brandwand stand daher die Missfallensbekundung „Klotzen bis der Arzt kommt".

Und die Ärzte kamen auch, doch das Leben in der Bergmannstraße ging weiter wie bisher. Nur der Investor tut sich schwer mit der Vermietung der im Hof gelegenen Gastronomieflächen: Flair lässt sich eben nicht so leicht verpflanzen, auch wenn es nur ein paar Meter sind.

Bayerisches Viertel

Las-Vegas-Flair in Schöneberg: Casino neben Späti am Bayerischen Platz/
Ecke Innsbrucker Straße

Der Kiez, der keiner ist

**Der Gegend um den Bayerischen Platz fehlt
so manches, was einen Kiez für gewöhnlich
ausmacht: ein relativ klar umrissenes Gebiet
und ein Leben, das sich auf der Straße abspielt.
Und doch lohnt sich ein genauerer Blick.**

Samstagvormittag am U-Bahnhof Innsbrucker
Platz: Die Fotografen gehen in Position, gleich muss

sie kommen. Ein Filmstar? Nein, nur eine U-Bahn.
Und mit nur zwei Wagen noch dazu eine ziemlich
kleine. Unter Nahverkehrsfreaks aus aller Welt gilt
die Berliner U4 als Sehenswürdigkeit. Sie ist abgesehen von der U55, die zwischen Brandenburger
Tor und Hauptbahnhof pendelt und insgesamt nur
drei Stationen anfährt, die kürzeste Linie der Stadt.
Gerade einmal 2,9 Kilometer und sechs Minuten

Fahrzeit liegen zwischen den beiden Endbahnhöfen Innsbrucker Platz und Nollendorfplatz. Während die meisten Fahrgäste schon ihre Plätze eingenommen haben, stehen die Bahnfreaks noch bis knapp vor Abfahrt auf dem Bahnsteig und schießen Fotos.

Wie die vier anderen Bahnhöfe der Linie steht die Station Innsbrucker Platz unter Denkmalschutz. Wobei nicht das ganze Inventar aus dem Eröffnungsjahr 1910 stammt. Als der Bahnhof 1933 von Hauptstraße in Innsbrucker Platz umbenannt wurde, erhielten die neuen Stationsschilder, die heute noch hängen, eine Frakturschrift. Das war dann auch schon der wesentliche Beitrag der neuen Machthaber zur Entwicklung der Berliner U-Bahn, da zur Zeit des Nationalsozialismus das Netz nicht großartig erweitert wurde.

„Zurückbleiben bitte!" Die U4 zuckelt los, eine Minute später hält sie bereits wieder. Rechts und links der Gleise geben die Fenster des nächsten Bahnhofs den Blick auf eine Parklandschaft mit einem kleinen See frei, den Rudolph-Wilde-Park. Auch diese Station hat eine Umbenennung hinter sich, von Stadtpark in Rathaus Schöneberg. Da das aber erst 1951 passierte, wurden die neuen Schilder, wie schon vor 1933 üblich, wieder in gut lesbarer lateinischer Schrift angefertigt.

Das Rathaus Schöneberg an der Kreuzung Badensche Straße/Martin-Luther-Straße bildet den südöstlichen Abschluss des Bayerischen Viertels. Betrachtet man die Namen der Straßen, die nördlich der Badenschen Straße durch den Kiez führen, entsteht zunächst jedoch eher der Eindruck, es handle sich um das Österreichische Viertel – und zwar Österreich samt dem heute italienischen Südtirol: Salzburger, Innsbrucker, Kufsteiner, Meraner und Bozener Straße. Die bayerischen Straßennamen beginnen vermehrt erst nördlich der nach dem Zweiten Weltkrieg für den Autoverkehr begradigten und seitdem den Bayerischen Platz kreuzenden Grunewaldstraße. Eine Ausnahme bezüglich der österreichischen Namensgebung im südlichen Teil des Viertels stellt die nur sehr kurze Nordstern-straße dar, die nach dem Versicherungsunter-

nehmen Nordstern – heute Teil der AXA-Gruppe – benannt ist, das sich 1913/14 an der spitzwinkligen Ecke Badensche Straße/Salzburger Straße ein imposantes, in seiner runden Form auffälliges Verwaltungsgebäude errichtet hat: das Nordsternhaus. Mit Aktenaufzügen, einem Haustelefonnetz, einer künstlichen Belüftungsanlage und zentral gesteuerten Uhren war es eines der modernsten Bürogebäude Europas. Aufgrund der unsicheren politischen Situation in der Stadt in den Fünfzigerjahren zog die Versicherung nach Westdeutschland und verkaufte West-Berlin das Haus, in dem bis heute die Senatsverwaltung für Justiz sitzt.

Folgt man auf dem Weg zum Bayerischen Platz nicht der Innsbrucker Straße, unterhalb der die U4 verläuft, sondern der Salzburger Straße, so zeigt sich, weswegen das Bayerische Viertel bekannt und beliebt ist: In einer ruhigen Wohnstraße mit großem Baumbestand erheben sich, vom Trottoir

Efeuumranktes Eckhaus in der Apostel-Paulus-Straße

durch Vorgärten abgeschirmt, Häuser aus den ersten Jahren des 20. Jahrhunderts. Schon die verschiedenen Eingänge deuten an, dass hier für den gehobenen Lebensstil gebaut wurde. Manchmal direkt neben der repräsentativen Haustür, manchmal

1 Dem Prager Platz, in den Zwanzigerjahren ein kulturelles Zentrum im Westen Berlins, setzte Erich Kästner in „Emil und die Detektive" ein Denkmal.

2 Zwiebeltürmchen im Bayerischen Viertel

3 Löwenfigur auf dem Bayerischen Platz

4 In einem imposanten Bau am Viktoria-Luise-Platz befindet sich das Berufsausbildungszentrum des Lette-Vereins, einer Stiftung des öffentlichen Rechts.

Blick über die Salzburger Straße auf das Rathaus Schöneberg

ein paar Meter weiter, führt eine schmale, unauffällige Tür in den Keller: der Dienstboteneingang. Vom Keller aus ging das Personal über eine Treppe in den Hof, um von dort aus über einen getrennten Dienstbotenaufgang die großzügige Wohnung oder besser gesagt den Wirtschaftsbereich der Wohnung zu erreichen. Das schmucklose Treppenhaus der

Dienstboten führte meist direkt in die Küche, in deren Nähe in der Regel auch die Hausmädchenkammer lag. Dadurch wurde gewährleistet, dass sich die Wege der Herrschaften und des Gesindes möglichst wenig kreuzten. Rechte und Pflichten des Personals waren auch nach Inkrafttreten des Bürgerlichen Gesetzbuchs im Jahr 1900 noch bis 1918 in der Preußischen Gesindeordnung geregelt, und zwar nicht unbedingt zum Vorteil der Beschäftigten. So durfte sich das Personal auch in privaten Angelegenheiten nicht ohne Genehmigung der Herrschaft aus dem Haus entfernen. Reizte es die Dienstherren durch „ungebührliches Verhalten", so konnten diese von ihrem Züchtigungsrecht Gebrauch machen und es verbal oder mittels „geringfügiger Tätlichkeiten" maßregeln: „Auch solche Ausdrücke oder Handlungen, die zwischen anderen Personen als Zeichen der Geringschätzung anerkannt sind, begründen gegen die Herrschaft noch nicht die Vermutung, dass sie die Ehre des Gesindes dadurch habe kränken wollen." Heute betreten die meisten Dienstleister die Häuser durch den herrschaftlichen Eingang. Davon ausgenommen sind allerdings die Beschäftigten der Müllabfuhr, da die Tonnen oftmals im Keller stehen.

Etwa drei Viertel der Häuser in der Gegend zwischen Martin-Luther-Straße im Osten, Badenscher Straße im Süden, Bundesallee im Westen sowie Lietzenburger Straße im Norden wurden im Krieg zerstört, sodass, wenn es auch imposante Altbauten gibt, von einem Altbaukiez eigentlich keine Rede sein kann. Ganze Straßenzüge, etwa die Landshuter Straße oder die Luitpoldstraße, bestehen aus eher schmucklosen Wohngebäuden der Fünfziger- und Sechzigerjahre mit vielen Grünflächen dazwischen. Geschäfte oder Lokale im Parterre sind rar gesät. Das ist bei den unzerstörten

1

2

3

4

Mit reichlich Stuck und Ornamenten verzierter Altbau am Viktoria-Luise-Platz

Häuserzeilen der Nebenstraßen allerdings nicht anders. Dort wechselt sich die eine oder andere Anwaltskanzlei mit der einen oder anderen Arztpraxis ab. Nicht aufregend, aber gediegen. Dementsprechend wenig spielt sich allerdings das Leben auf der Straße ab. Wer eine der noch erhaltenen riesigen Wohnungen mit Originalausstattung aus der Gründerzeit ergattern konnte, hat wenig Grund, seine Freizeit draußen zu verbringen.

Aber was macht die Gegend für Spaziergänger reizvoll? Nicht das große Ganze, sondern die vielen kleinen Details: hier ein prächtiges Vestibül, auf das man durch einen verglasten Hauseingang einen Blick erhaschen kann; dort eine eindrucksvolle Fassade mit dorischen Säulen, die den darüberliegenden Balkon zu stützen scheinen. Und natürlich die Zierplätze, die meist so klein sind, dass sie keinen offiziellen Namen tragen – so auch der idyllische Grünstreifen auf der Apostel-Paulus-Straße zwischen Salzburger und Münchener Straße mit seinen einladenden Holzbänken, den die Anwohner auf-

grund des Musters der in das Pflaster eingelassenen Granitsteine liebevoll „Maikäferplatz" nennen.

Die genaue Eingrenzung des Bayerischen Viertels ist umstritten. Für viele verläuft seine westliche Grenze entlang der Kufsteiner und Bamberger Straße, die die Grenze zum Bezirk Charlottenburg-Wilmersdorf markieren und früher die ehemals unabhängigen Gemeinden Wilmersdorf und Schöneberg trennten. Im Norden endet für manche das Bayerische Viertel an der Hohenstaufenstraße, für andere erst am KaDeWe am Wittenbergplatz – also noch nördlich des Viktoria-Luise-Platzes und der Lietzenburger Straße –, weil dort mit Nürnberger, Passauer und Ansbacher Straße einige Straßen die Namen bayerischer Städte tragen. Um 1900, als die Gegend bebaut wurde, spielte dies jedoch keine Rolle, denn das Areal um den Viktoria-Luise-Platz wurde vom selben Investor aufgekauft wie das einstmals sumpfige Gelände südlich der Hohenstaufenstraße.

Die 1890 von Salomon Haberland und seinem Sohn Georg gegründete Berlinische Boden-Gesellschaft plante den Straßenverlauf, sorgte für die Kanalisation und verkaufte einzelne Grundstücke weiter. Um das Viertel für die anvisierte Zielgruppe, das gehobene Bürgertum, interessant zu machen, ließen die Haberlands mit dem Viktoria-Luise-Platz und dem Bayerischen Platz zwei prächtige Zierplätze anlegen. Die Entwürfe stammten von dem Landschaftsarchitekten Fritz Encke, der den 1898 von Haberlands ausgeschriebenen Wettbewerb zur Gestaltung des Gebiets gewonnen hatte. Zudem machten sie sich für den Bau der Untergrundbahn, der heutigen U4, stark.

Der idyllische Viktoria-Luise-Platz mit Springbrunnen in seiner Mitte

Der Plan der Haberlands ging auf: Gut situierte Bürger kamen in das Bayerische Viertel, ebenso Künstler und Intellektuelle. So lebten Albert Einstein und Billy Wilder in der Haberlandstraße und am Viktoria-Luise-Platz, bis sie 1933 emigrieren mussten. Die Schauspielerin Claire Waldoff residierte in der Regensburger Straße, der Dichter und Arzt Gottfried Benn teilte sich Wohnung und Praxis mit seiner Frau in der Bozener Straße.

Haberlands Planungen waren seinerzeit nicht unumstritten. Durch den von Ziertürmchen und Sprossenfenstern geprägten süddeutschen Renaissancestil

wurde das Viertel auch als „Klein-Nürnberg" verspottet. In die verbalen Attacken gegen den jüdischen Unternehmer mischten sich zudem immer wieder antisemitische Töne. Ein Großteil der 16 000 Juden, die um 1933 in Schöneberg lebten, wohnten hier, was dem Kiez den Beinamen „Jüdische Schweiz" einbrachte. Mehr als 6000 der Schöneberger Juden wurden in die Vernichtungslager deportiert. 80 an Laternenmasten angebrachte Gedenktafeln, alle jeweils 50 mal 70 Zentimeter groß, erinnern in der Gegend an die zahlreichen Schikanen, die der Vertreibung und Ermordung der Berliner Juden vorausgingen. An einem Spielplatz zitiert eine Tafel eine Verordnung von 1938, nach der jüdische und nichtjüdische Kinder nicht mehr miteinander spielen durften. Und vor einer Ladenzeile am Bayerischen Platz steht geschrieben: „Lebensmittel dürfen Juden in Berlin nur nachmittags von vier bis fünf Uhr einkaufen. 4. 7. 1940". An der Ecke Haberlandstraße/Treuchtlinger Straße liest man darüber hinaus: „Straßen, die Namen von Juden tragen, werden umbenannt." Wie die Bozener Straße war auch die nach dem Gründer des Viertels benannte Haberlandstraße einst y-förmig.

1938 wurden die Städtchen Treuchtlingen und Nördlingen zu den Namensgebern des nördlichen und südlichen Teils des Straßenzugs. Erst 1996 wurde dieser unter dem Protest von Anwohnern rückbenannt, allerdings nur zur Hälfte: Die Treuchtlinger Straße behielt ihren Namen.

Im Sommer 2014 soll am Bayerischen Platz anstelle des U-Bahneingangs aus den Siebzigerjahren ein neues Empfangsgebäude mit einem darauf thronenden Pavillon fertiggestellt sein. Neben einem Café samt Dachterrasse soll hier eine Dauerausstellung zum jüdischen Leben im Kiez einziehen. Der Pavillon wird damit zur Begegnungsstätte werden, wobei er weniger Raum als sein 2013

» Es gibt drei „Weltlaternen": die „Kleine Weltlaterne" in Wilmersdorf, die „Kreuzberger Weltlaterne" und die „Schöneberger Weltlaterne", also meine. Die gehörten früher alle einer Wirtin, der Hertha Fiedler. „Weltlaterne" ist ein schöner traditionsreicher Name, warum sollte man den ändern? Ich habe den Laden vor 15 Jahren übernommen. Die Ideen für die Einrichtungen sind mir mit der Zeit gekommen. Die Mützen und Hüte über der Theke gehören Gästen, die sie vergessen haben. Wir haben Stammgäste aus

ganz Berlin, viele Touristen, Menschen aus dem Kiez und auch viele Leute aus der schwulen Szene. Das mischt sich, die sitzen alle an einem Tisch. Auf der Karte steht klassische deutsche Küche, Kohlrouladen, Kalbsleber, Schweinebraten, Kartoffelsuppe. Am Wochenende kommt ein Pianist. Und wenn ich Lust habe, singe ich oder lege meine CD „Aus der Ferne denke ich gerne an die Schöneberger Weltlaterne" auf. Skurril wird es, wenn Travestieabend ist und die Leute verkleidet kommen. Ab und zu tritt auch mal ein Stripper auf.

Angelika Rüdiger, Wirtin der „Schöneberger Weltlaterne" in der Motzstraße

bis auf die Grundmauern abgerissener Vorgänger einnehmen soll und somit die historischen Sichtachsen wiederhergestellt werden. Um einen Eindruck von dem früheren Erscheinungsbild des Bayerischen Platzes zu bekommen, bevor er zerbombt und anschließend wiederaufgebaut wurde, steigt man am besten zum Bahnsteig der U4 hinab. Dort hängen zwischen blauen und weißen Kacheln Fotografien aus der Vor- und Nachkriegszeit. Einen ungefähren Eindruck davon, wie die Gegend einst ausgesehen hatte, erhält man auch eine Station weiter in nördlicher Richtung am Viktoria-Luise-Platz. Denn dieser Platz, gewissermaßen der kleine Bruder des Bayerischen Platzes, erhielt 1979 sein ursprüngliches Aussehen zurück, nachdem die Kriegsschäden in den Fünfzigerjahren nicht denkmalgerecht behoben worden waren.

Die sechs Straßen, die strahlenförmig auf den Viktoria-Luise-Platz zulaufen, führen als Wege weiter zu einem Springbrunnen auf der Mitte des Platzes. Das Betreten der mit Schmuckbeeten ausgestatteten Rasenflächen ist zwar nicht ausdrücklich gestattet, wird aber auch nicht geahndet. Daher nutzen in den Sommermonaten viele die Gelegenheit, sich auf ihnen zu sonnen. Um den Platz herum ist kaum Verkehr – die Nordwestseite ist sogar für Radfahrer gesperrt –, sodass es sich hier ungestört flanieren lässt. Dass viele der Bauten Nachkriegsmodelle sind, fällt erst bei genauerem Hinschauen auf, da sie sich recht harmonisch in die Häuserzeilen einfügen. Und durch die Dichte an Cafés, Restaurants und Läden um den Platz und in der Motzstraße kommt sogar so etwas wie Kiezatmosphäre auf.

5 Fassadenschmuck eines Hauseingangs am Viktoria-Luise-Platz

6 Seit 1907 ein Synonym für Luxus: das Kaufhaus des Westens, kurz KaDeWe

7 Der elegante Innenbereich des KaDeWe

8 Herrschaftliches Haus mit Ziertürmchen am Viktoria-Luise-Platz

5

6

7

8

Der Wasserturm im Kollwitzkiez in der Abendsonne

2. Auflage 2017

Copyright © 2014 Elsengold Verlag GmbH, Berlin

Abbildung Karte Berlin: © lesniewski-Fotolia.com
Fotografien: © Jürgen Henkelmann

Lektorat und Bildredaktion: Irina Bester
Gestaltung und Satz: Felgner & Zierke, Berlin

Printed in Slovenia

ISBN 978-3-944594-15-6

www.elsengold.de

Jens Kegel

Leben in Ost-Berlin
Alltag in Bildern 1945–1990

464 Seiten, 24,3 x 33,7 cm
rund 1000 Abbildungen
Hardcover im Schuber
€ 49,95 (D) / € 51,40 (A) / 66,90 sFr

978-3-944594-00-2

Günther Wessel

Leben in West-Berlin
Alltag in Bildern 1945–1990

464 Seiten, 24,3 x 33,7 cm
rund 1000 Abbildungen
Hardcover im Schuber
€ 49,95 (D) / € 51,40 (A) / 66,90 sFr

978-3-944594-14-9

Henry Werner

Berlin
1000 Jahre Geschichte

216 Seiten, 22 x 29 cm
ca. 150 Abbildungen
Hardcover mit Schutzumschlag
€ 29,95 (D) / € 30,80 (A) / 40,90 sFr

978-3-944594-13-2

Martha Wilhelm

Berlinerinnen

20 Frauen, die Berlin bewegten

128 Seiten, 21 x 28 cm
ca. 60 meist farbige Abbildungen
Hardcover mit Schutzumschlag
€ 12,95 (D) / € 13,40 (A) / 18,90 sFr

978-3-944594-01-9

Niels Frédéric Hoffmann

Berliner Liederbuch

Lieder und ihre Geschichten aus
200 Jahren

128 Seiten, 24,5 x 22,5 cm
Hardcover / ca. 80 Abbildungen
€ 19,95 (D)/ € 20,60 (A) / 28,90 sFr

978-3-944594-12-5

Traudl Kupfer

Weihnachten in Berlin

Geschichten, Lieder, Bilder und Rezepte
aus 100 Jahren

112 Seiten, 24,5 x 22,5 cm
Hardcover / ca. 200 farbigen Abbildungen
€ 16,95 (D) / € 17,50 (A) / 24,90 sFr

978-3-944594-02-6